Horst Brzoska

Kalkulation leistungsgerechter Entgelte in der stationären Altenpflege

Beispielrechnung für ein 80-Betten-Haus

2013 Institut für Altenpflege, Freithof 30, 41460 Neuss
Telefon: 02131/27 75 42
E-Mail: horstbrzoska-beratung@t-online.de

Das Werk einschließlich seiner Abbildungen und Tabellen ist urheberrechtlich geschützt. Jeder Verwendung außerhalb der engen Grenzen des Urheberrechts ist ohne Zustimmung des Instituts unzulässig und strafbar. Dies gilt insbesondere für Vervielfältigungen, Übersetzungen und die Einspeicherung der Verarbeitung in elektronischen Systemen.

Inhaltsverzeichnis

Vorwort 5

1. Pflegesatzverhandlungen mit Kostenträgern - gezielte Vorbereitung zahlt sich aus 7

1.1 Leistungsangebot für zukünftigen Pflegezeitraum planen 10

1.2 Personalstärke für Musterhaus berechnen 15

1.3 Zwei Stufen der Entgeltfindung im Pflegesatzverfahren 20

2. Planungsrechnung für Musterpflegeheim 24

2.1 Selbstkosten nach Kostenarten ermitteln 24

2.1.1 Lohn- und Preissteigerungen in die Kalkulation einbeziehen 29

    a) Plankosten Personal 31

    b) Plankosten Sachmittel 34

    c) Investitionskosten für Musterhaus berechnen 40

2.2 Plankosten auf Kostenstellen verteilen 47

2.3 Einzel- und Gemeinkosten den Kostenträgern zurechnen 54

    a) Einzelkosten Pflege und soziale Betreuung 56

    b) Einzelkosten Unterkunft und Verpflegung 60

	c)	Gesamtkosten je Kostenträger	63
2.4		Aufbau der Zuordnungsübersicht	64
2.4.1		Vergütung je Leistungseinheit berechnen	68
3.		Innerbetriebliche Kostenkontrolle	76
3.1		Plankosten für Musterhaus auf Kostenstellen verteilen (Budgetierung)	78
4.		Kostenträgerzeitrechnung - Erfolg für abgelaufene Periode ermitteln	90
4.1		Zwei Verfahren der Erfolgsrechnung	91
4.1.1		Planerlösrechnung je Kostenträger	93
4.1.2		Kurzfristige Erfolgsrechnung	96
4.2.		Kennzahlen für das operative Controlling	100
4.2.1		Messzahlen für den innerbetrieblichen Vergleich	101
4.2.2		Richtzahlen für den externen Vergleich	110
4.2.3		Benchmarking in der Pflege	114
Abkürzungen			117
Literaturverzeichnis			118
Stichwortverzeichnis			119

Vorwort

Vor mehr als zwanzig Jahren habe ich das Institut für Altenpflege in Neuss gegründet, an dem bisher mehrere hundert Fach- und Führungskräfte ihre staatlich anerkannte Weiterbildung zur Heim-, Pflegedienst- und Wohnbereichsleitung absolviert haben. Sowohl in unseren Seminaren als auch bei der Beratung von Pflegeeinrichtungen stelle ich immer wieder fest, dass viele Führungskräfte sich intensiver mit Fragen der Kalkulation leistungsgerechter Entgelte für bevorstehende Pflegesatzverhandlungen, dem Personalabgleich oder der interbetrieblichen Kostenkontrolle auseinanderzusetzen möchten. Das hat mich dazu veranlasst, den vorliegenden Ratgeber zu schreiben. Am Beispiel eines 80-Betten-Hauses zeige ich, wie Leitungskräfte die Selbstkosten ihres Hauses ermitteln können, um in Pflegesatzverhandlungen mit den Kostenträgern leistungsgerechte Pflegesätze und Entgelte aushandeln zu können.

Ich hoffe, dass der Ratgeber für Sie im Pflegealltag eine verständliche und wirksame Hilfe darstellt.

Teil 1 setzt sich mit dem Leistungsangebot und der Personalausstattung der Einrichtung für einen zukünftigen Pflegezeitraum auseinander. Beide Planungsgrößen sind wesentliche Grundlage für die Selbstkostenermittlung des Hauses.

Teil 2 des Ratgebers zeigt am Beispiel einer 80-Betten-Einrichtung, wie die Leitung die Planungsrechnung für den kommenden Zeitraum durchführen kann, um in den Pflegesatzverhandlungen mit den Pflegekassen und dem

Träger der Sozialhilfe die für die Einrichtung notwendigen Vergütungen vereinbaren zu können.

In **Teil 3** des Ratgebers geht es um die wichtige Frage, ob die einzelnen Leistungsbereiche wirtschaftlich arbeiten. Soll-Ist-Vergleiche der geplanten mit den tatsächlichen Ist-Kosten durch den Bereichsleiter zeigen, ob es Abweichungen gibt und wie gegengesteuert werden kann.

Teil 4 des Ratgebers verrechnet die angefallenen Ist-Kosten mit den erzielten Erlösen auf die einzelnen Kostenträger. So kann ermittelt werden, ob die Erlöse die Kosten decken und welchen Anteil die einzelnen Leistungsbereiche am Gesamtergebnis haben. Und ein effektives Kontroll- und Berichtsystem zeigt, wie die Leitung das operative Controlling durchführen kann.

1. Pflegesatzverhandlungen mit Kostenträgern - gezielte Vorbereitung zahlt sich aus

Die Finanzierung von stationären Pflegeeinrichtungen wird in Pflegesatzverhandlungen zwischen dem Träger der Einrichtung und den Pflegekassen sowie dem überörtlichen Träger der Sozialhilfe geregelt. Üblich ist es, dass die Einrichtungsleitung in den jährlich wiederkehrenden Gesprächen eine Vorauskalkulation der Selbstkosten der Einrichtung für eine zukünftige Wirtschaftsperiode vorlegt, aus der hervorgeht, warum sich die Entgelte gegenüber der Vorperiode verändert haben und welche Vergütungen für das Haus wirtschaftlich noch vertretbar sind [1]. Ziel der Vereinbarung zwischen den Vertragspartnern ist es, den Einrichtungen die mit der Leistungserbringung verbundenen Kosten zu erstatten, damit sie ihren Versorgungsauftrag erfüllen zu können.

Zu den drei Finanzierungsbereichen, die Gegenstand der Pflegesatzverhandlungen sind, zählen:

- die Vergütung für Pflegeleistungen einschließlich sozialer Betreuung und medizinischer Behandlungspflege (= Pflegesatz),

- das Entgelt für Unterkunft und Verpflegung, auch Hotelkosten genannt sowie

- die gesondert berechenbaren Investitionskosten.

---

[1] § 85 Abs. Satz 1 SGB XI, § 82 Abs. 1 Satz 3 SGB XI

Während der Pflegesatz bis zu bestimmten Höchstbeträgen von der Pflegekasse übernommen wird, hat der Pflegebedürftige die Hotelkosten sowie die Umlage für Investitionskosten selbst zu tragen. Da ein Teil der BewohnerInnen die anfallenden Heimkosten aber nicht aus eigenen Mitteln vollständig tragen kann, übernimmt vor allem der Sozialhilfeträger vielfach den Rest der Kosten. Daher spielt auch die
Höhe der in Pflegesatzverhandlungen vereinbarten Entgelte eine wichtige Rolle, wenn der Sozialhilfeträger zur Übernahme der Kosten verpflichtet ist. Das Sozialamt vergleicht dabei die Kosten der Einrichtung, in die der Pflegebedürftige aufgenommen werden möchte, mit denen anderer, vergleichbarer Einrichtungen in der Region. Sind sie danach zu hoch, werden sie nicht übernommen und der Pflegebedürftige muss sich gegebenenfalls nach einem anderen Haus umsehen.

Externe Leistungsbereiche. Werden externe Leistungsbereiche unter gemeinsamer Leitung und Verwaltung von zugelassenen Pflegeheimen betrieben, so sind die dafür entstehenden Kosten anteilig zu ermitteln und bei der Kalkulation der Selbstkosten abzugrenzen, weil sie nicht zum Finanzierungsrahmen des SGB XI gehören.

Zu den externen Leistungsbereichen zählen:

- Besucher-Cafeteria, Personalkantine
- Personalwohnheim
- Betriebszweige, die auch an Kunden außerhalb des Heims liefern (Gemeinschaftsküche, Wäscherei, Gärtnerei etc.)

Der vorliegende Ratgeber zeigt am Beispiel der Planungsrechnung eines 80-Betten-Hauses, wie sich die Einrichtungsleitung optimal auf bevorstehende Pflegesatzverhandlungen vorbereiten und die eigenen Ziele verfolgen kann.

1.1 Leistungsangebot für zukünftigen Pflegezeitraum planen

Pflegeeinrichtungen können Pflegesatzverhandlungen erst dann aufnehmen, wenn sie vor Beginn der Verhandlung bereits eine Leistungs- und Qualitätsvereinbarung (LQV) mit den Kostenträgern abgeschlossen haben. Die LQV regelt die wesentlichen Inhalte des Leistungsangebots der Pflegeeinrichtung. Dazu zählen:

- Kapazitätsauslastung der Planbetten
- Art, Inhalt und Umfang Pflegeleistungen sowie
- die Personalausstattung der Einrichtung.

Die LQV ist damit Ausgangspunkt der Selbstkostenermittlung und Grundlage für die Preisgestaltung mit den Kostenträgern. Die Einrichtung sollte die LQV möglichst kurz vor den Pflegesatzverhandlungen - etwa vierzehn Tage - vereinbaren, um zukünftige Kosten- und Leistungsentwicklungen zeitnah berücksichtigen zu können.

a) Kapazitätsplanung

Nach den Vorgaben des Landespflegegesetztes ist die Bettenzahl von 80 Standard für Neubauten. Ziel ist zwar, kleinere, ortsnahe Häuser mit einer Bettenkapazität von 40 - 80 Betten unter der gemeinsamen Leitung eines Trägers zu bauen, jedoch lässt sich dies aus wirtschaftlichen Gründen meist nicht verwirklichen. In kleineren Häusern - maximal 80 Betten - ist es besser möglich, eine individuelle, auf die Bedürfnisse der Pflegebedürftigen ausgerichtete Betreuung zu gewährleisten.

Die Kapazitätsplanung der Pflegeeinrichtung für die kommende Periode konzentriert sich zum einen auf die **Auslastung aller vorhandenen Planbetten.** Hier unterstellen die Kostenträger in Pflegesatzverhandlungen in der Regel eine 95 bis 98-prozentige Auslastung, die die Einrichtungen ohne weiteres erzielen können. Zum anderen muss die Einrichtungsleitung realistisch einschätzen, wie viele Bewohner das Haus in der kommenden Periode in den **einzelnen Pflegeklassen** betreuen wird. Die Prognose über die zukünftige Bewohner-Struktur hat besonderes Gewicht. Ist zum Beispiel die tatsächliche Belegung in den einzelnen Pflegeklassen geringer als geplant, verliert die Einrichtung Geld, was Anpassungen in der Personalausstattung zur Folge hat. Die Auslastung zu sichern ist daher immer wichtiger als Kosten an unzureichender Belegung anzupassen. Zuverlässige Hilfen für die Einschätzung der Anzahl der Pflegebedürftigen in den jeweiligen Pflegeklassen bieten die Belegung der abgelaufenen Perde sowie zu erwartende Veränderungen in der Zukunft.

Bei der Kalkulation der Selbstkosten in unserem Musterbeispiel bin ich von einer 98-prozentigen Auslastung der Planbetten ausgegangen, so dass rein rechnerisch im Laufe des Kalenderjahres durchschnittlich 78 Bewohner in der Einrichtung betreut werden.

b)   Leistungsplanung

In der Leistungs- und Qualitätsvereinbarung (LQV), die vor Aufnahme der Pflegesatzverhandlung bereits abgeschlossen wird, haben sich die Pflegesatzparteien bereits auf die zukünftig von der Einrichtung zu erbringenden Leistungen nach Art, Ziel sowie besonderen Leistungen geeinigt. Inhalte der Vereinbarung sind:

- Zahl der Pflegebedürftigen, die voraussichtlich in der kommenden Periode in den einzelnen Pflegeklassen zu betreuen sein werden.

- der besondere Bedarf an Grundpflege, medizinischer Behandlungspflege und an sozialer Betreuung

- die erforderliche und sachliche Ausstattung der Einrichtung,

- Qualität des Personals sowie

- betriebsnotwendige Anlagen der Einrichtung.

Zum besonderen Bedarf zählt auch der zusätzliche Interventionsbedarf bei schwerer Demenz. Bei ihrer

Planung stützt sich die Einrichtungsleitung auf die Erfahrungen der Vergangenheit und auf die in der Zukunft zu erwartenden Entwicklungen und Änderungen.

Die LQV nimmt eine zentrale Position als Bindeglied zwischen dem Versorgungsvertrag und der Vergütungsvereinbarung ein und wird damit zum zentralen Steuerungsinstrument für den Inhalt und das Ergebnis der Pflegesatzverhandlungen. Sie ist zwingend vorgeschrieben und muss spätestens zu Verhandlungsbeginn von der Pflegeeinrichtung vorgelegt werden.

Pflegeprofile der Bewohner. Um Art und Inhalt der Leistungen für den nächsten Pflegezeitraum einschätzen zu können, sind anhand der Pflegeplanung Bewohner bezogene Pflegeprofile zu erstellen, aus denen sich die pflegerischen Probleme sowie die Schritte des Pflegeprozesses ergeben. Auf der Grundlage der individuellen Bewohner-Struktur lassen sich dann die von der Einrichtung zu erbringenden Leistungen ermitteln. Leistungskatalog, vereinbarte Belegung sowie die in NRW geltenden Personalschlüssel bilden dann die Grundlage, um den notwendigen Personal- bedarf quantitativ und qualitativ zu bestimmen (siehe Stellenplan).

Die Basiszahlen für das hier vorgestellte Musterhaus habe ich anhand folgender Bewohner-Struktur berechnet:

Bewohner-Struktur des 80-Betten-Musterhauses

Pflegeklasse	Bewohner
I	21
II	37
III	20
Gesamt:	**78**

1.2 Personalstärke für Musterhaus berechnen

Die Personal- und Sachausstattung einer Pflegeeinrichtung für die kommende Periode wird im Wesentlichen durch das Leistungsangebot bestimmt, das zwischen den Pflegesatzparteien in der LQV vereinbart worden ist. In unserer Beispielrechnung gehe ich von einer 98%igen Auslastung der Planbetten und damit von 78 Bewohnern in den drei Pflegeklassen für das ganze Jahr aus. Und die Personalausstattung für das Musterhaus habe ich nach den für Nordrhein-Westfalen (NRW) geltenden Personal- und Pflegeschlüsseln berechnet.

Pflegeschlüssel sind von Bundesland zu Bundesland unterschiedlich, innerhalb eines Bundeslandes aber gleich, d.h. jedes Heim soll dieselbe Anzahl an Personal vorhalten. Sie beinhalten den **zeitlichen Pflegebedarf** pro Bewohner in den einzelnen Pflegestufen. So liegt der Pflegeschlüssel in NRW zum Beispiel für die Pflegestufe I bei 1 : 4, das heißt, für vier Bewohner der Stufe I kann eine Vollzeitstelle besetzt werden. Die Pflegeschlüssel für NRW gehen von einer 98 %-igen Auslastung der Einrichtung aus und beinhalten das Pflegepersonal im Tag- und Nachtdienst, die Pflegedienstleitung und das Qualitätsmanagement einschließlich der medizinischen Behandlungspflege. Damit hängt die Verteilung des Personal- und des Sachaufwandes auf die einzelnen Pflegeklassen letztlich davon ab, wie viele Mitarbeiter für jede Pflegeklasse vereinbart worden sind. Je höhe die Pflegestufe, desto mehr Personal muss auf der Station vorgehalten werden.

Die Soll-Personalstellen sollten nach Pflegefach-und -hilfskräften, sonstigen Berufsgruppen sowie Auszubildenden, Praktikanten und Mitarbeiter im freiwilligen sozialen Jahr unterteilt werden. Die vereinbarte Personalmenge bezieht sich dann immer auf die vereinbarte Planbelegung. Die mit den Kostenträgern geschlossene Vereinbarung gilt für alle Beteiligten bis zum Abschluss einer neuen Vereinbarung. Die nachstehenden Pflege- bzw. Personalschlüssel geben jeweils das Verhältnis einer Vollkraft zur Bewohner- bzw. Heimplatzzahl an.

Pflegeschlüssel NRW

Pflegestufe	0	1 zu 8
Pflegestufe	I	1 zu 4
Pflegestufe	II	1 zu 2,5
Pflegestufe	III	1 zu 1,8

Sonstige Personalschlüssel

Heimleitung bis 150 HP*	1 zu 100
Sozialer Dienst	1 zu 40
Küche (51 - 100 HP*)	1 zu 14
Wäscherei	1 zu 37
Reinigung	1 zu 17
Verwaltung (ohne Pförtner)	1 zu 38,5
Hausmeister	1 zu 100 (davon 20 % Instandhaltung)
Pforte	1 zu 100

* Heimplätze

Stellenplan für Muster-Haus

Die Berechnung der Vollzeitstellen nach den oben genannten Richtwerten führt zu folgender Personalausstattung des Muster-Pflegeheims:

Dienstarten	Personalschlüssel	Soll-Vollzeitkräfte	
1. Heimleitung		=	1,00
Verwaltung	80 : 38,5	=	2,08
2. Pflegedienst			1,00
Pflegeklasse 1	21 : 4	=	5,25
Pflegeklasse 2	37 : 2,5	=	14,80
Pflegeklasse 3	20 : 1,8	=	11,11
3. Soz. Betreuung	80 : 59,20	=	1,35
4. Küche (1/4 Fachkräfte)	80 : 14	=	5,71
5. Wäscherei	80 : 37	=	2,16
Reinigung	80 : 17	=	4,58
6. Techn. Dienst		=	1,00
7. Pforte		=	1,00
Gesamt:		=	**51,04**

Personalabgleich. Die in der LQV verbindlich vereinbarte Personalmenge ist auch die Grundlage für den von der Heimsicht regelmäßig durchgeführten Personalabgleich. Hält die Einrichtung weniger Personal vor, als in den Pflegesatzverhandlungen vereinbart, können die Kostenträger von den Heimträgern das Heimentgelt nur dann zurückfordern, wenn

a) das Soll-Personal gezielt und systematisch unter schritten wurde oder

b) die vereinbarte Menge acht Prozent überschreitet, aber gleichzeitig wesentliche Mängel vorliegen oder

c) eine Unterschreitung des vereinbarten Personal-Solls von acht Prozent oder mehr vorliegt[2].

Zum anderen lautet die Devise: Keine Rückforderung ohne klare (rahmen)vertragliche Regelungen zum Personalabgleich. Die Selbstverwaltungsorgane der Pflegekassen und Heimträger sollten in Rahmenverträgen klar regeln, wie das Personal zu bemessen ist, das tatsächlich bereitgestellt oder bestimmungsgemäß eingesetzt wird. Fragen hierzu sind:

Was ist die zu bewertende Bewohner-Struktur? Nachweis auf der Basis der laut Dienstplan geleisteten Arbeitsstunden? Oder über die Anstellungsverträge der Mitarbeiter und die darin vereinbarte Soll-Stunden-Zahl,

---

[2] BSG vom 12.9.2012 (B 3 P 5/11 R)

gleichgültig, ob der Mitarbeiter tatsächlich die Arbeit antritt oder krank ist?

Vergleich der Soll-Stellen mit den Anstellungsverträgen der Mitarbeiter auf der Basis einer 38,5 Stunden-Woche. Kranke, die noch Entgeltfortzahlung erhalten, zählen zum Personal-Ist (zum vorgehaltenen Personal). In einigen Ländern erfolgt der Vergleich Soll- mit Ist-Arbeitsstunden auf der Basis einer Vollkraft (VK) von 1.567 Nettoarbeitsstunden pro Jahr (Niedersachsen). Auszubildende (Azubi), Praktikanten, freiwilliges soziales Jahr (FSJ) werden mit maximal 10 Prozent der VK-Werte für Pflegehelfer.

- Azubi - Fachkraft: 0,13 VK
- Azubi - Pflegehelfer: 0,10 VK
- Praktikanten: 0,08 VK,

sofern sie eine Vergütung von mindestens 250 Euro pro Monat erhalten.

1.3 Zwei Stufen der Entgeltfindung

In Pflegesatzverhandlungen kommt es nicht nur auf die Selbstkosten der Einrichtung an, sondern die Höhe der leistungsgerechten Vergütung ist in erster Linie über Marktpreise[3] zu bestimmen. Die Urteile des Bundessozialgerichtes sehen ein zweistufiges Verfahren bei der Entgeltfindung vor.

Erste Stufe. In der ersten Stufe des Pflegesatzverfahrens ist die Plausibilität der geltend gemachten Kosten darzulegen. Dazu sollte die Leitung, neben den prospektiv kalkulierten Entgelten, in den Verhandlungen die Besonderheiten der Einrichtung herausstellen, wie z.B. lange Wege der MitarbeiterInnen in der pflegerischen Arbeit wegen der Beschaffenheit der Einrichtung.

Zweite Stufe. In der zweiten Stufe geht es um die Wirtschaftlichkeit der geforderten Entgelte, die durch den so genannten **externen Vergleich** mit anderen gleichartigen Einrichtungen geprüft wird. Der Vergleich mit anderen Häusern ist bei Pflegekassen üblich geworden, sei es als Kostenartenvergleich oder als Vergleich über die Entgelte mit anderen Heimen in der Region. Die Einrichtungsleitung sollte bereits vor Beginn der Pflegesatzverhandlung ausloten, wo man bei einem externen Vergleich landen würde. Das kann über ein eigenes Kennzahlensystem geschehen oder durch die Teilnahme an einem Vergleich

---

[3] Urteil des Bundessozialgerichts (BSG) vom 29.01.2009

mit anderen Einrichtungen (Benchmarking). Dazu ist der örtliche

Einzugsbereich zu definieren, die Vergleichsheime sind nach objektiven Kriterien zu ermitteln, und das Leistungsniveau von Wettbewerbern mit niedrigen Entgelten ist zu analysieren. Liegen die Pflegesätze im unteren Drittel der durch Vergleich ermittelten Pflegesätze, dann sind sie ohne Prüfung leistungsgerecht. Liegen sie oberhalb des unteren Vergleichsdrittels, sind die Pflegesätze dann leistungsgerecht, wenn die Einrichtung nachvollziehbare Gründe angeben kann, dass der höhere Aufwand zum Beispiel auf Tarifbindung, Lage und Größe der Einrichtung oder einer höheren Pflegequalität beruht. Einigen sich die Pflegesatzparteien nicht, setzt eine paritätisch besetzte Schiedsstelle auf Antrag einer Partei innerhalb von vier bis sechs Wochen die Pflegesätze fest[4].

Sachgerechte Vergleichskriterien

1) Identischer oder ähnlicher Versorgungsauftrag: Bewohner-Struktur, sächliche Ausstattung, Personalausstattung und Qualifikation, Pflegekonzept

2) Erfüllung der Qualitätsvorgaben durch die Leistungs- und Qualitätsvereinbarung (LQV) und -nachweise (LQN), MDK-Begutachtungen, Aussagen der Aufsichtsbehörde

---

[4] § 85 Abs. 4 Satz 1 SGB XI

2) Örtlicher Einzugsbereich: In der Regel der Kreis, aber auch engerer Umkreis oder kreisübergreifend

4) Fachkraftquote

5) Personalmenge für die Pflege und Betreuung bezogen auf die Bewohner, gemessen in Personalanhaltswerten oder Vollkräften je vergleichbarem Bewohner.

Erfahrungsgemäß kommt der Personalmenge für die Pflege und Betreuung, als Elemente der Strukturqualität, die zentrale Bedeutung zu.

Vergleichsliste für Pflegeheime im örtlichen Einzugsbereich

Entgelte	Heimplätze	Klasse 1	Klasse 2	Klasse 3	UV
Heim 1	185	42,62	59,00	76,61	14,99
Heim 2	63	40,83	57,16	73,50	16,44
Heim 3	80	33,80	47,31	60,83	14,60
Heim 4	25	38,17	53,44	68,71	15,08
Heim 5	38	39,79	55,71	71,63	15,64
Maximum	391	42,62	59,66	76,71	16,44
Minimum		33,80	47,31	60,83	14,60
gewichtetes arithmetisches Mittel*		39,79	55,95	71,94	15,21
einfaches arithmetisches Mittel*		39,04	54,66	70,28	15,35

* Begriffserläuterungen

Einfaches arithmetisches Mittel.: Einfacher Durchschnitt (Summer aller Entgelte in den jeweiligen Klassen dividiert durch fünf Heime)

Gewichtetes arithmetisches Mittel: Nach Heimplätzen gewichteter Durchschnitt (Summe aller Entgelte multipliziert mit der jeweiligen Heimplatzzahl und dividiert durch die Zahl der 391 Heimplätze).

2. Planungsrechnung für Muster-Pflegeheim

Die erste Stufe der Planungsrechnung zeigt, wie die voraussichtlichen Selbstkosten des Muster-Pflegeheimes für die kommende Wirtschaftsperiode ermittelt werden können. Sie ist die Grundlage für die Aufnahme der Pflegesatzverhandlungen mit den Kostenträgern und zeigt - nach Kostenarten gegliedert -, wie die Eigenkosten refinanziert werden können. Aus der Kalkulation muss hervorgehen, warum sich die neuen Entgelte gegenüber den bisherigen verändert haben. Es geht um eine Rechnung mit geplanten, künftig erwarteten Verbrauchsmengen und geplanten Preisen einer Abrechnungsperiode. Selbstkosten stellen aus der Sicht der Pflegeeinrichtung zugleich die Preisuntergrenze in den bevorstehenden Verhandlungen dar.

Am Beispiel eines 80-Betten-Hauses zeige ich in diesem Kapitel, wie die Leitung in einer dreistufigen Planungsrechnung die voraussichtlichen Selbstkosten ihrer Einrichtung ermitteln kann.

2.1 Selbstkosten der Einrichtung nach Kostenarten ermitteln

Nach der Orientierungshilfe (Zuordnungsübersicht) des Bundesministers für Arbeit und Sozialordnung (BMA) und des Bundesministeriums für Gesundheit[5] sind die stationären Entgelte nach einheitlichen Kriterien zu bemessen. Die Kontenklassen 6 und 7 der Pflegebuchführungsverordnung

---

[5] Zuordnungsübersicht vom 8.10.1997

(PBV) geben eine Orientierung, wie die Kosten in der Buchhaltung zu erfassen und zu gliedern sind.

Kontenrahmen der Pflegebuchführungsverordnung (PBV)
Kontenklasse 6   Aufwendungen

Konten-gruppe	Kontenuntergruppe	Text-Erläuterung
60		Löhne und Gehälter
	600	Leitung der Pflegeinrichtung
	601	Pflegedienst
	602	Hauswirtschaftlicher Dienst
	603	Verwaltungsdienst
	604	Technischer Dienstag
	605	Sonstige Dienste
61		Gesetzliche Sozialabgaben (Aufteilung wie 600 - 605)
62		Altersversorgung (wie 600 - 605)
64		Sonstige Personalaufwendungen (Aufteilung wie 600 - 605)
65		Lebensmittel
66		Aufwendungen für Zusatzleistungen
67		Wasser, Energie, Brennstoffe
68		Wirtschafts-/Verwaltungsbedarf
	681	Bezogene Leistungen
	682	Büromaterial
	683	Telefon
	684	Sonstiger Verwaltungsbedarf
	685	Aufwendungen für zentrale Dienstleistungen
69		frei

Kontenklasse 7			Weitere Aufwendungen
70			Aufwendungen für Verbrauchsgüter
71			Steuern, Abgaben, Versicherungen
	710		Steuern
	712		Abgaben
	713		Versicherungen
72			Zinsen und ähnlichen Aufwendungen
	720		Zinsen für Betriebsmittelkredite
	721		Zinsen für langfristige Darlehen
	722		Sonstige Zinsen
	723		Sonstige Aufwendungen
73			Sachaufwendungen für Hilfs- und Nebenbetriebe
75			Abschreibungen
76			Miete, Pacht, Leasing
77			Aufwendungen für Instandhaltung und Instandsetzung
	771		Aufwendungen für Instandhaltung und Instandsetzung
	772		Sonstige ordentliche Aufwendungen
78			Außerordentliche Aufwendungen
	783		Aufwendungen für Verbandsumlagen
	785		Sonstige außerordentliche Aufwendungen
79			frei

In der ersten Stufe der Planungsrechnung geht es darum, die Gesamtkosten der Pflegeeinrichtung für den zukünftigen Pflegezeitraum zu ermitteln. Unterschieden wird bei den einzelnen Kostenarten nach Einzel- und Gemeinkosten, je nachdem, ob sie dem Kostenträger direkt oder nur indirekt zugerechnet werden können (siehe Seite 56). Hauptaufgaben der auf den folgenden Seiten vorgestellten Kostenartenrechnung sind:

- Selbstkostenermittlung für die Preisgestaltung
- Kontrolle der Wirtschaftlichkeit
- kurzfristige Erfolgsrechnung

Nach der Art der verbrauchten Güter und Dienstleistungen unterscheidet man Personal- und Sachkosten, Abschreibungen, Abgaben und Gebühren. Pflegekassen vergleichen in Pflegesatzverhandlungen vor allem nach Kostenarten vergleichbarer Einrichtungen in der Region. Es werden zum Beispiel Mittelwerte für Personalkosten pro Vollkraft oder Energie pro Pflegetag gebildet, die auch Messlatte des externen Vergleichs sind. Tarifliche Bindungen, so auch die Arbeitsvertragsrichtlinien (AVR) der Diakonie, sind dabei stets als wirtschaftlich angemessen anzuerkennen und nicht zu kürzen. Das gehöre zur "Wahrung der Tarifbindung". Dieser Grundsatz bestehe nämlich darin, erstens den in der Pflege tätigen Arbeitnehmern ein ihren Leistungen und ihrem Einsatz für kranke und behinderte Menschen ein angemessenes Arbeitsentgelt zu gewähren, zweitens zu verhindern, dass der Preiskampf zu einem Entgeltniveau führt, das sich dem gesetzlichen Mindestlohn nähert und drittens den Anreiz zu verringern, kollektive Tarifverträge zu verlassen und auf die Auslagerung von Aufgaben (Outsourcing) auszuweichen[6]

Allerdings werden im zweistufigen Verfahren der Entgeltfindung neben den Kostenarten auch die Vergütungen von Heimen mit ähnlichem Versorgungsauftrag in der Region herangezogen. Das Bundessozialgericht sieht die Kostenartenmethode für den Ausnahmefall vor, wenn das betroffene Heim mit anderen Einrichtungen nicht vergleichbar ist (siehe Seite 19).

---

[6] Bundessozialgericht (BSG) vom 16.5.2013, Az.: B 3P 2/12 R

2.1.1 Lohn- und Preissteigerungen in die Kalkulation einbeziehen

Welche Personal- und Sachkosten dem Träger der Einrichtung in der kommenden Periode entstehen, hängt einmal von der Anzahl der in der LQV vereinbarten Vollzeitkräfte ab, die ich für das Muster-Haus - gemäß Stellenplan - mit insgesamt 50,04 Vollzeitstellen ermittelt habe. Zum anderen spielt eine entscheidende Rolle, wie hoch die Lohn- und Gehaltssteigerungen im kommenden Zeitraum sein werden und wie sich die Preise für Sachmittel entwickeln werden. Im vorgestellten Musterbeispiel habe ich die Plankosten für die kommende Periode auf der Grundlage der im öffentlichen Dienst gezahlten Löhne und Gehälter berechnet. Dabei wurde berücksichtigt, dass die Tarifvertragsparteien im kommenden Zeitraum eine Erhöhung der Vergütungen von 2,5 Prozent beschließen werden, während die Sachkosten der abgelaufenen Periode um 2 Prozent Inflationsausgleich erhöht wurden.

Personalkosten (Jahr) nach Berufsgruppen

Die nachstehende Tabelle zeigt die Jahreskosten der Bruttolöhne, gegliedert nach Berufsgruppen, nach denen die Selbstkosten der Einrichtung berechnet werden. Sie umfassen die Arbeitgeberanteile zur Sozialversicherung, Aufwendungen für die Altersvorsorge sowie sonstigen Personalkosten für Weiterbildung, Beiträge an Berufsverbände usw.

Jahresbruttolöhne 2013

Berufsgruppen	Euro
1. Pflegedienstleitung	45.930,-
Pflegefachkraft	38.274,-
Pflegehilfskraft	35.905,-
2. Betreuungspersonal	
(Sozialarbeiter, Sozialpäd.)	41.022,-
3. Heim/Verwaltungsleitung	48.391,-
Verwaltung (Personal- u. Rechnungswesen)	44.100,-
4. Hausmeister (Werkstatt-Personal)	35.393,-
5. Pforte	30.596,-
6. Leitung Hauswirtschaft	41.774,-
7. Wirtschaftsdienst, Haus- und Wäschereinigung	30.596,-

a) Plankosten Personal

Die Berechnung der Plankosten für alle Berufsgruppen des Musterhauses erfolgte auf der Grundlage der für 2013 geplanten Jahresbruttolöhne

Heimleitung und Verwaltung

Kontengruppe 600, 603		Euro
Heimleiter, Geschäftsführer		
1,00 x 48.391,-	=	48.391,-
Verwaltung	=	
2,08 x 44.100,-	=	91.728,-,-
Pforte	=	
1,00 x 30.596,-,-	=	30.596,-
Hausmeister (80%)		
0,80 x 35.393,-	=	28.315,-
Gesamt:	=	**199.030,--**

Pflegedienst

Von insgesamt 31,15 im Stellenplan vereinbarten Vollzeitkräften sind 16 Pflegefachkräfte.

Kontenuntergruppe 600, 601		Euro
Pflegedienstleitung 1,00 x 45.930,-	=	45.930,-
Pflegefachkräfte 16,00 x 38.274,-	=	612.384,-
Pflegehilfskräfte 14,16 x 35.905,-	=	508.415,-
Gesamt:	=	1.166.729,-

Soziale Betreuung

Kontenuntergruppe 605		Euro
Sozialdienst 1,35 x 41.022,-	=	55.380,-
Gesamt:	=	55.380,-

Küche

Ein Viertel der Kräfte in der Küche sind Fachkräfte.

Kontenuntergruppe 602		Euro
Fachkräfte 1,42 x 38.274,- (5,71 - 4,29 = 1,42)	=	54.349,-
Hilfskräfte 4,29 x 30.596,-	=	131.257,-
Gesamt:	=	**185.606,-**

Hauswirtschaft

Kontenuntergruppe 602		Euro
Leitung 1 x 41.774,-	=	41.774,-
Wirtschaftsdienst 5,74 x 30.596,- (6,74 ./. 1 = 5,74)	=	175.621,-
Gesamt:	=	**217.395,-**

b) Plankosten Sachmittel

Hierzu zählen alle zum Verbrauch bestimmte Pflegehilfsmittel, der medizinische Bedarf, der Sachaufwand für die soziale Betreuung, die Lebensmittel, der Sachaufwand für die Wäsche- und Gebäudeversorgung sowie die von der Einrichtung bezogenen Dienstleistungen. Die Berechnung erfolgte auf der Grundlage von Berechnungstagen.

Berechnungstage für den Pflegebedarf, die soziale Betreuung und die Beköstigung auf der Basis von 78 Bewohnern:

78 Bewohner x 365   =   **28.470** und

Berechnungstage für die übrigen Sachkosten auf der Basis von 80 Planbetten:

80 Planbetten x 365   =   **29.200**

Seit Juli 2012 ist auch in Nordrhein-Westfalen ein Umlageverfahren zur Finanzierung der Kosten von Ausbildungsvergütungen in der Altenpflege in Kraft. Die Landschaftsverbände setzen die Ausgleichsbeträge mit Bescheid gegenüber den Einrichtungen fest[7]

---

[7] Oberverwaltungsgericht NRTW, vom 21.12.2012, AZ: 12 B 903/12

Sachkosten pro Pflege- bzw. Berechnungstag

Die nachstehende Tabelle zeigt die Kosten pro Pflege- bzw. Berechnungstag, gegliedert nach Sachkostenbereiche, die für die Berechnung der Selbstkosten in der kommenden Periode herangezogen wurden.

Sachkostenbereiche	Euro
1. Lebensmittel, Getränke	3,45
2. Pflegebedarf (Bettschutz-Einlagen, Schutzkleidung)	0,50
3. Wasser, Energie, Brennst.	2,56
4. Wirtschaftsbedarf (Pflegemittel, Fremd-/Glasreinigung, Veranstaltungen)	3,86
5. Betreuungsbedarf (Beschäftigungsmaterialien)	0,24
6. Verwaltungsbedarf (Telefon, Bürobedarf, Porto)	1,22
7. Steuern, Abgaben, Versi.	1,14
8. Wartung	0,32
9. Sonstige Aufwendungen	0,24
Gesamt:	**13,53**

Berechnung Sachmittel für Musterhaus

Die Berechnung der Plankosten für alle Sachmittel erfolgte auf der Grundlage der auf Seite 35 genannten Werte.

Konto Sachkostenart		Euro
70	Pflegebedarf	
	28.470 x 0,50 =	14.235,-
70	soziale Betreuung	
	28.470 x 0,24 =	6.833,-
68	Wirtschaftsbedarf	
	29.200 x 3,86 =	112.712,-
65	Speisenversorgung	
	29.200 x 4,53 =	132.276,-
67	Wasser. Energie, Brennstoffe	
	29.200 x 2,56 =	74.752,-
682	Büro, Verwaltung	
	29.200 x 1,22 =	35.624,-
683	Steuern, Abgaben, Versicherung	
	29.200 x 1,14 =	33.288,-
712, 77	Wartung	
	29.200 x 0,32 =	9.344,-
Gesamt		**= 419.064,-**

Kalkulatorische Kosten. Neben den Personal- und Sachkosten können kalkulatorische Kosten in den Selbstkosten berücksichtigt werden. Hierzu zählen kalkulatorische Abschreibungen, kalkulatorische Zinsen für das Eigenkapital sowie kalkulatorische Wagnisse. Letztere sind oft Streitpunkt in Pflegesatzverhandlungen. Kalkulatorische Wagnisse sind Risiken, die mit der unternehmerischen Tätigkeit verbunden sind. Unterschieden wird in Unternehmensrisiko (Konjunktur, Inflation, technischer Fortschritt) und den speziellen Einzelwagnissen wie Diebstähle, Unfälle, Personalwahl, Haftungsfälle, Beschäftigungsverbote, Auslastung, Personaleinsatz. Spezielle Wagnisse aufgrund von Erfahrungswerten ungefähr bestimmen, wenn sie nicht durch Versicherungen gedeckt werden.
Schiedsstelle: Kostenrisiken dürfen kalkuliert werden. Abfindungen, Rechtsberatung, Verfahrenskosten im Zusammenhang mit Pflegesatzverhandlungen, um Verluste zu vermeiden (Insolvenzgefahrvermeidung)

Eigenkapitalzinsen. Auch gemeinnützige Einrichtungsträger können eigenes Kapital verzinslich anlegen und Eigenkapitalzinsen im Pflegesatz unterbringen, ohne dass damit die Gemeinnützigkeit unmittelbar beeinträchtigt wäre, wenn ein entsprechender Zinssatz nicht überschritten wird, das hat das Bundessozialgericht bestätigt[8].

Gründe: Der Betreiber eines Pflegeheims bringt bei der Anschaffung der Immobilie und des Inventars aber auch im

---

[8] Bundessozialgericht (BSG) vom 8.9.2011, Az.: B 3 P 3/11 R

laufenden Betrieb Eigenkapital ein, das dauerhaft in der Einrichtung gebunden ist und nicht für andere Zwecke entnommen werden kann. Würde der Betreiber das Kapital anderweitig investieren oder anlegen, könnte er eine Kapitalrendite einnehmen. Der Eigenkapitalzins stellt damit die Gegenleistung dafür dar, dass der Betreiber eigenes Kapital im Pflegeheim einsetzt. Es ist dem Gewinninteresse des Betreibers zuzuordnen, aber nicht mit einem kalkulatorischen Gewinn gleichzusetzen. Kompensiert der Eigenkapitalzins wirtschaftlich den Einsatz eigenen Kapitals, gewährt der kalkulatorische Gewinn eine Vergütung für unternehmerischen Einsatz und die übernommene Verantwortung.

Allerdings zählen die Eigenkapitalzinsen nicht zu den Investitionskosten, die im Wege der Umlage dem Bewohner in Rechnung gestellt werden. Vielmehr kann die Einrichtung diese nur bei den Entgelten für allgemeine Pflegeleistungen sowie Unterkunft und Verpflegung einbringen. Das langfristig in der Einrichtung gebundene Kapital, vergleichbar den Kapitalrenditen von spezialisierten Immobilienfonds, die nach Kosten bei etwa fünf Prozent liegen, können als Maßstab herangezogen werden. Des Weiteren sind die Verordnungen der Bundesländer oder die Zweite Berechnungsverordnung maßgebend. Betriebsnotwendigkeit und Angemessenheit von Investitionen wird nicht nur im Investitionskostenverfahren, sondern zusätzlich ein zweites Mal in der Pflegesatzverhandlung geprüft.

Wagniszuschläge sollen Risiken und Chancen des Unternehmens langfristig ausgeglichen. Bereits im Jahr 2009 hatte das Bundessozialgericht entschieden, dass zu den leistungsgerechten Entgelten neben den Gestehungskosten auch ein Zuschlag für eine angemessene Vergütung des Unternehmerrisikos zählt. Dazu ist nichts anderes als ein Gewinn gemeint als Ausgleich für das zu tragende allgemeine Unternehmerrisiko. Sie haben bei gewerblichen Einrichtungsträgern ihre Berechtigung und können in den Vergütungsverhandlungen geltend gemacht werden. Und auch gemeinnützige Einrichtungen könnten einen kalkulatorischen Gewinn einstellen, müssten diesen lediglich gemeinnützig verwenden. Die Höhe des kalkulatorischen Gewinns, zum Beispiel als Prozentsatz vom Umsatz, stehe im Ermessen der Schiedsstelle, so die Argumentation des Bundessozialgerichts.

c) Investitionskosten für Musterpflegeheim berechnen

Pflegeeinrichtungen können betriebsnotwendige Kosten für den Bau und die betriebliche Erhaltung den Heimbewohnern gesondert berechnen, wenn diese nicht durch eine öffentliche Förderung gedeckt werden. Teilweise geförderte Heime bedürfen in NRW allerdings der Zustimmung des jeweiligen überörtlichen Trägers der Sozialhilfe[9]. Nicht geförderte Pflegeheime haben die gesonderte Berechnung von Investitionskosten der zuständigen Landesbehörde lediglich mitzuteilen[10].

Zu den betriebsnotwendigen Anlagegütern im Sinne der Vorschriften des Landschaftverbandes zählen:

- Gebäude, Außenanlagen,
- Einrichtung, Ausstattung,
- technische Anlagen,
- Fahrzeuge,
- Pflegehilfsmittel zur Erleichterung der Pflege, wie Pflegebetten, Pflegebettenzubehör, Lagerungsrollen sowie
- allgemeine technische Hilfsmittel, soweit keine Leistungspflicht der gesetzlichen Krankenversicherung besteht (Faltrollstühle, Geh-Wagen).

---

[9] § 82 Abs. 4 SGB XI

Die Landschaftsverbände als überörtlicher Träger der Sozialhilfe prüfen jeweils, was zu den anerkennungsfähigen Investitionskosten zählt. So gibt es unter anderem Obergrenzen bei den Baukosten sowie klare Vorgaben für Abschreibungen, Instandhaltung, Wartung und Abschreibungen, die mit gleichbleibenden jährlichen Beträgen erfasst werden. Besteht eine Pflegeeinrichtung aus einer Besitz- und Betriebsgesellschaft, zählen die gezahlten Pachten der Betreiber-Gesellschaft zu den Betriebsausgaben, die für die Berechnung der Umlage an die Pflegebedürftigen herangezogen wird.

Beispiel für Abschreibungen. Im Rhein-Kreis Neuss konnten Einrichtungen abnutzbare Anlagegüter bis zum 30. Juni 2008 über 25 Jahre abschreiben. Für Projekte danach wurde die Dauer auf 50 Jahre ausgeweitet, so dass die Investitionskosten durch die längere Abschreibungsdauer pro Tag und Platz nach neuem Recht niedriger sind.

Das Heim kann die gesonderte Berechnung der Aufwendungen grundsätzlich **einseitig** vornehmen. Sie ist für alle Pflegebedürftigen nach einheitlichen Grundsätzen zu bemessen; eine Differenzierung nach Kostenträgern ist unzulässig. Zu den Kosten zählen Zinsen auf Fremdkapital sowie Aufwendungen für Abnutzung auf Anlagegüter einschließlich Instandhaltung und Wiederbeschaffung. Instandhaltung und Instandsetzung können durch angemessene Pauschalen berechnet werden. Das Landesrecht sieht bisher angemessene Pauschalen bei Instandhaltungs- und

Instandsetzungsmaßnahmen vor.[11] In Pflegesatzverhandlungen gelten die Pauschalen dann als angemessen, wenn sie in einem vernünftigen Verhältnis zu den tatsächlichen Aufwendungen stehen. Allerdings wenden sich die meisten Länder von einer echten Instandhaltungspauschale ab. So sieht das zu erwartende Alten- und Pflegegesetz NRW vor, dass Instandhaltungs- und Instandsetzungsaufwendungen zwar weiterhin pauschaliert in Höhe von einem Prozent der Herstellungs- und Anschaffungskosten berücksichtigt werden, diese aber ordnungsgemäß auszuweisen und **zweckbestimmt** einzusetzen sind.

Der Bewohner kann bis zu bestimmten Einkommensgrenzen für gesondert berechnete Investitionskosten **Pflegewohngeld** beim zuständigen Sozialamt beantragen, wenn bestimmte Einkommensgrenzen nicht überschritten werden. Für das Vermögen gilt In NRW ein Schonbetrag von 10.000,00 Euro. Der Sozialhilfeträger ist bei nicht geförderten Pflegeheimen zur Übernahme nur verpflichtet, wenn hierüber entsprechende Vereinbarungen getroffen worden sind[12]. An den Vereinbarungen mit dem Sozialhilfeträger sind die Pflegekassen nicht beteiligt.

Soweit Bewohner der Pflegestufen 1 bis 3 auf Sozialhilfe angewiesen sind, übernimmt der Sozialhilfeträger die Kosten nur dann, wenn mit ihm hierüber entsprechende Vereinbarungen getroffen worden sind[13].

---

[11] § 82 Abs. 2 Satz 1 SGB XI i.V. mit der Pflegeeinrichtungsverordnung NRW
[12] § 93 Abs. 7 Satz 4 BSHG

Das folgende Musterbeispiel zeigt, wie die Investitionskosten für das 80-Betten-Haus berechnet wurden.

Plandaten für Investitionskostenrechnung

Planbetten:	80
Obergrenze bei den Baukosten in NRW	76.600,- € je Heimplatz
Fremdkapital	4 % Zinsen
Abschreibungen über 50 Jahre	= 2 %
Erstausstattung	10 % der Baukosten
Pauschale für Instandhaltung	1 % der Baukosten
Pauschale für Wartung Anwesenheitstage: (80 Betten x 365)	0,31 € je Anwesenheitstag = 29.200
Technischer Dienst (Kosten des Hausmeisters)	= 20 % der Personalkosten

---

[13] § 93 Abs. 7 Satz 4 BSHG

Herstellungskosten für Musterhaus

Baukosten	Euro
80 x 76.600,-	= 6.128.000,-
Erstausstattung	
10 % von 6.128.000,-	= 612.800,-
Gesamt:	= **6.740.800,-**

Jährliche Aufwandskosten für Musterhaus

Fremdkapitalzinsen	Euro
4 % von 6.740.800,-	= 269.632,-
Abschreibung	
2 % von 6.128.000,-	= 122.560,-
Instandhaltung	
1 % von 6.128.000,-	= 61.280,-
Wartung	
29.200 x 0,31 €	= 9.052,-
Technischer Dienst	
(20 % Hausmeister)	= 7.079,-
Gesamt:	= **469.603,-**

Umlage Aufwandskosten je Bewohner/Tag

Investitionsaufwand pro Jahr:	Euro
469.603,- : 80	= 5.870,04
Umlage pro Monat	
5.870,04 : 12	= 489,17
Umlage je Berechnungstag	
489,17 : 30	= **16,31**

Die Berechnungen für das 80-Bettenhaus zeigen, dass die Einrichtung für das Jahr 2013 einen Finanzierungsbedarf von insgesamt 469.603,00 Euro hat, der über die Umlage in Höhe von 16,31 Euro je Platz refinanziert wird. Hat das Haus, wie in unserem Beispiel, eine Auslastung von 98 Prozent, sind zwei Plätze über das Jahr nicht belegt, was zu einer Mindereinnahme von 2 x 365 Tagen = 730 Tagen x 16,31 Euro = 11.906,30 Euro führt.

2.2 Plankosten auf Kostenstellen verteilen

In der zweiten Stufe der Planungsrechnung geht es um die Frage, wo die Kosten im Betrieb entstanden sind. Die Kostenstellen-Rechnung bereitet die dritte Stufe der Kostenträgerrechnung vor und unterscheidet zwischen Einzel- und Gemeinkosten, die zur Kostenkontrolle auf die einzelnen Leistungsbereiche (Kostenstellen) der Einrichtung verteilt werden.

Einzelkosten sind variable Kosten, die, je nach Auslastung der Einrichtung, variieren. So steigen z.B. die Arbeits- und Sachkosten im Pflege- und Versorgungsbereich, wenn die Einrichtung mehr Pflegetage als bisher erbringt. Einzelkosten, die vom Kostenstellen-Leiter unmittelbar beeinflussbar sind, lassen sich direkt auf die Kostenträger verrechnen.

Gemeinkosten sind in der Regel fixe Kosten der Einrichtung, die auch dann anfallen, wenn keine Dienstleisten erbracht würden. Sie nehmen bei der Verrechnung auf die Kostenträger zunächst den Umweg über die Kostenstellen-Rechnung, in der sie nach Art und Höhe quasi aufbereitet und verursachungsgerecht auf die Kostenstellen verteilt werden. Erst dann können sie nach festgelegten Schlüsseln auf die Kostenträger verrechnet werden. Typisch für Gemeinkosten ist, dass sie für alle Dienstleistungen insgesamt anfallen und von unterschiedlichen Leistungsbereichen in Anspruch genommen werden können. So müssen zum Beispiel

Kosten der Verwaltung oder der Energieversorgung in der Kostenstellenrechnung vorher aufgeschlüsselt werden, um sie dann in einem zweiten Schritt indirekt auf die Kostenträger verrechnen zu können.

Bei der Verrechnung der Gemeinkosten auf die Kostenstellen kann zwischen Kostenstellen-Einzelkosten und Kostenstellen-Gemeinkosten unterschieden werden. Typisches Merkmal für die erste Gruppe ist, dass sie einer Kostenstelle (Abteilung) direkt zugerechnet werden können, wie zum Beispiel das Gehalt der Heimleitung auf die allgemeine Kostenstelle Verwaltung. Übrig bleiben dann die sogenannten

Kostenstellen-Gemeinkosen, die weder einem Kostenträger noch einer Kostenstelle direkt zugerechnet werden können.

Haupt- und Hilfskostenstellen

Kostenstellen sind eine nach unterschiedlichen Kriterien abgegrenzte Einheit des Betriebs, an der die anfallenden Kosten erfasst und der sie (vorläufig) zugerechnet werden. Sie schaffen klare Verantwortungsbereiche und sind wichtig für die Kontrolle der Wirtschaftlichkeit. Erst ein gegliedertes Kostenstellensystem zeigt, welche Betriebsteile mit welchen Betriebsergebnissen abschließen. Die Anlage 5 der Pflegebuchführungsverordnung (PBV) gibt eine Empfehlung über die Kostenstellen[14].

Nach der Art der Verrechnung der Kosten auf die innerbetrieblichen Leistungsbereiche unterscheidet man

---

[14] § 4 Abs. 1 Pflegebuchführungsverordnung (PBV)

Haupt- und Hilfskostenstellen. Zu den Hauptkostenstellen zählen die Kostenträger Pflege sowie Unterkunft und Verpflegung, die ihre Leistungen nach außen abgeben und durch ihre Absatzleistungen für den Ertrag der Einrichtung verantwortlich sind.

Hauptkostenstellen werden häufig auch als Endkostenstellen bezeichnet, weil ihnen die Kosten ohne weitere Verrechnung auf weitere Kostenstellen direkt zugerechnet werden können (Einzelkosten). Anders verhält es sich bei den Hilfskostenstellen zum Beispiel für die Leitung oder allgemeine Verwaltung. Sie geben ihre Leistungen nicht unmittelbar an Bewohner ab, sondern ihre Leistungen werden von allen oder fast allen anderen Kostenstellen in Anspruch genommen. Ihre Kosten können daher **nicht direkt** den Kostenträgern Pflege und Unterkunft und Verpflegung zugerechnet werden, sondern müssen im Wege der Umlage bzw. nach bestimmten Schlüsseln auf die Kostenträger verteilt werden. Sie dienen also innerbetrieblichen Zwecken und werden daher auch Vorkostenstellen genannt.

Muster - Kostenstellenrahmen (Auszug)

90	**Allgemeine Kostenstellen**
900	Gebäude einschließlich Grundstücke
901	Außenanlagen
902	Leitung und Verwaltung der Pflegeeinrichtung
903	Hilfs- und Nebenbetriebe
904	Ausbildung, Fortbildung
905	Personaleinrichtungen (soweit für den Betrieb der Einrichtung notwendig)
906	Sonstige
91	**Versorgungseinrichtungen**
910	Wäscherei (Versorgung)
911	Küche (Versorgung)
912	Hol- und Bringe-Dienst (Transporte, innerbetrieblich)
913	Zentrale Sterilisation
914	Zentraler Reinigungsdienst
915	Energieversorgung (Wasser, Energie, Brennstoffe)
916	Brennstoffe
92	Häusliche Pflegehilfe
93	Teilstationäre Pflege (Tagespflege)
94	Teilstationäre Pflege (Nachtpflege)
95	Vollstationäre Pflege
950	Pflegebereich - Pflegeklasse I
951	Pflegebereich - Pflegeklasse II
952	Pflegebereich - Pflegeklasse III
953	Pflegebereich - Pflegeklasse III - Härtefall
96	Kurzzeitpflege
97 - 99 freibleibend	

Verrechnung der Gemeinkosten auf Kostenträger

Die nachfolgende Beispielrechnung für das Muster-Pflegeheim zeigt, was typische Gemeinkosten in der Einrichtung sind und wie sie durch Umlagerechnung auf die Kostenträger verteilt werden. Nach den Vorgaben der Zuordnungsübersicht des Ministeriums für Arbeit und Gesundheit sind sie in der stationären Altenpflege zu je 50 Prozent auf die Kostenträger Pflege sowie Unterkunft und Verpflegung zu verteilen.

Beispiel: Die Kosten für Energie können in der Regel nicht direkt einer Abteilung oder einem Produkt bzw. einer Dienstleistung zugerechnet werden. Sie müssen zunächst verursachungsgerecht auf die entsprechenden Kostenstellen verteilt werden. Erst danach können sie auf die einzelnen Kostenträger verrechnet werden.

Gemeinkosten Personal

Kostenstelle 902 - Leitung, Verwaltung

Kostenart	Euro
600 Heimleitung	48.391,-
603 Verwaltung	91.728,-
Pforte	30.596,-
604 Techn. Dienst (Hausmeister)	28.315,-
Gesamt:	**199.030,-**

Gemeinkosten Sachmittel

Kostenstelle 902 - Leitung, Verwaltung

Kostenart	Euro
682 Büro- u. Verwaltungs-Bedarf	35.624,-
683 Steuern, Abgaben, Versicherung	33.288,-
Zwischensumme:	**68.912,-**

Kostenstelle 915   Versorgungseinrichtungen

Kostenart	Euro
67 Energieversorgung, (Wasser, Brennstoffe)	74.752,-
Gesamt:	**143.664,-**

Gesamte Gemeinkosten	**Euro**
Personalkosten	213.529,-
Sachkosten	143.664,-
Gesamt:	**357.193,-**

2.3 Einzel- und Gemeinkosten den Kostenträger zurechnen

Die dritte und letzte Stufe der Planungsrechnung fragt danach, wofür die Kosten entstanden sind. In der stationären Pflege sind es die Dienstleistungen für Pflege und Unterbringung an Bewohner. Und in der ambulanten Pflege zählen zu den Kostenträgern die in den Vergütungsempfehlungen der Spitzenverbände der Pflegekassen aufgeführten **Leistungskomplexe**[15]. Darüber hinaus können ambulante Dienste die häusliche Krankenpflege (Behandlungspflege) nach drei Leistungsgruppen abrechnen, die als Kostenträger in der "Verordnung von häuslicher Krankenpflege" enthalten sind[16].

Nach der Zuordnungsübersicht des Bundesministeriums für Arbeit und Sozialordnung (BMA) sowie des Bundesministeriums für Gesundheit (BMG) sind die Vergütungen in stationären Pflegeeinrichtungen nach einheitlichen Strukturen zu ermitteln. Das bedeutet: Die Kosten für Personal und Sachmittel müssen den drei Finanzierungsquellen Pflege, Hotel- und Investitionskosten verursachungsgerecht zugeordnet werden. Dadurch sollen die Leistungen der stationären Pflege aussagefähig und vergleichbar sein. Personaleinsätze für externe Bereiche (z.B. Kiosk, Restaurant) sind durch Nebenrechnungen aus dem Budget heraus zu rechnen.

---

[15] Anlage 1 zur Vergütungsvereinbarung gem. § 89 SGB XI
[16] Verordnung nach § 92 Abs. 1 Satz 2 Nr. 6 und 7 SGB V

Die Pflegebuchführungsverordnung (PBV) sieht hierfür einheitliche Rechnungs- und Buchführungsvorschriften vor und gibt in der Anlage 6 der PBV eine Empfehlung über die Kostenträger in stationären und ambulanten Einrichtungen.

Kostenträgerübersicht (teil- und vollstationäre Pflege)

Pflegeklasse I

- Pflegeleistungen
- Unterkunft und Verpflegung

Pflegeklasse II

- Pflegeleistungen
- Unterkunft und Verpflegung

Pflegeklasse III

- Pflegeleistungen
- Unterkunft und Verpflegung

- **Zusatzleistung Pflege**

- **Zusatzleistung Unterkunft und Verpflegung**

Die Verrechnung der Gesamtkosten auf die Kostenträger geschieht in zwei Schritten. Zunächst werden die **Gemeinkosten** in der Kostenstellenrechnung aufbereitet und erst dann den Kostenträgern zugeordnet (siehe Kapitel 2.2).

a) Einzelkosten Pflege und soziale Betreuung

Zum Bereich Pflege zählen Personal- und Sachkosten für allgemeine Pflegeleistungen und Behandlungspflege einschließlich der Verbrauchsgüter des medizinisch-pflegerischen Bedarfs bis 51 Euro ohne Mehrwertsteuer[17]. Außerdem der Sozialdienst sowie die Ausbildungsvergütung nach dem Altenpflegegesetz[18]

Sozialdienst zählt zur Pflege. Die Betreuung im Pflegeheim ist nach dem System der Ganzheitspflege zu organisieren und schließt mit ein, dass Pflegebedürftige auch sozial betreut werden. Auf religiöse Bedürfnisse ist Rücksicht zu nehmen[19]. Auch Bedürfnisse nach Kommunikation sollen befriedigt werden[20]. Mit den Pflegesätzen werden deswegen nicht nur die allgemeinen Pflegeleistungen und die medizinische Behandlungspflege, sondern auch die soziale Betreuung vergütet. Der Anspruch auf vollstationäre Pflege wird damit um zusätzliche, gesondert ausgewiesene Ansprüche ergänzt[21]. Gründe: Die Leistungen der sozialen Betreuung und der medizinischen Behandlungspflege sind eigenständige Kostenträger im Sinne der Kosten- und Leistungsrechnung, das heißt, sie müssen hinsichtlich Art, Inhalt und Umfang gesondert dokumentiert werden. Es genügt, wenn die Entgeltbestandteile in der Pflegesatzvereinbarung nur nachrichtlich ausgewiesen werden.

---

[17] § 82 Abs. 2 Nr. 1, 2. Halbsatz SGB XI
[18] § 82 a SGB XI
[19] § 2 Abs. 4 SGB XI
[20] § 28 Abs. 4 SGB XI
[21] § 43 Abs. 2 SGB XI

Um das einheitliche Entgelt für jede Leistungseinheit der Einrichtung ermitteln zu können, müssen die in der Plankostenrechnung ermittelten Gesamtkosten, die sich aus Einzel- und Gemeinkosten zusammensetzen, in zwei Schritten auf die Kostenträger verursachungsgereicht verteilt werden.

1. Schritt: Verrechnung der Einzelkosten

Wesentliches Merkmal der Einzelkosten ist, dass sie aus der Kostenartenrechnung unmittelbar auf die Kostenträger Pflege und Unterkunft sowie Verpflegung (U + V) verrechnet werden können. Wie das geschehen kann, zeige ich Ihnen am Beispiel des Muster-Pflegeheims auf den folgenden Seiten.

Personalkosten Pflege + Sozialdienst

Kostenart 600, 601	Euro
Pflegedienstleitung	45.930,-
Pflegefachkräfte	612.384,-
Pflegehilfskräfte	508.415,-
Zwischensumme	1.166.729,-

Kostenart 605	Euro
Sozialdienst	55.380,-
Gesamt: (Pflege + Sozialdienst)	**1.222.109,-**

Sachkosten

Kostenart 70	Euro
Pflegebedarf	14.235,-
Aufwand soz. Betreuung	6.833,-
Gesamt:	**21.068,-**

Gesamte Einzelkosten Pflege und soziale Betreuung

Personalkosten	1.222.109,-
Sachkosten	21.068,-
Gesamt:	**1.243.177,**

b) Einzelkosten Unterkunft und Verpflegung (Hotelkosten)

Die Hotelkosten sind für alle Pflegestufen gleich. Hauswirtschaftliche Versorgung wie Kochen, Reinigen des Zimmers, Wechsel und Waschen der Wäsche/Kleidung gehören eindeutig zum Finanzierungsbereich Unterkunft und Verpflegung, und nicht zu den allgemeinen Pflegeleistungen.

Die Personal und Sachkosten für Unterkunft und Verpflegung werden im Musterbeispiel für jeden Bereich separat ermittelt.

Unterkunft:

Personalkosten

Kostenart 602	**Euro**
Leitung Hauswirtschaft	41.774,-
Wirtschaftsdienst (Wäscherei, Näherei)	175.621,-
gesamt:	217.395,-

Sachkosten

Kostenart 68	Euro
Wirtschaftsbedarf	112.712,-

Personal- + Sachkosten Unterkunft insgesamt:

Personalkosten	217.395,-
Sachkosten	112.712,-
Gesamt:	330.107,-

Verpflegung

Personalkosten

Kostenart 602	Euro
Fachkräfte	54.349,-
Hilfskräfte	131.257,-
Gesamt:	185.606,-

Sachkosten

Kostenart 65	**Euro**
Lebensmittel	32.276,-

Personal- + Sachkosten Verpflegung insgesamt:

Personalkosten	185.606,-
Sachkosten	32.276,-
Gesamt:	**217.882,-**

Gesamte Einzelkosten für Unterkunft und Verpflegung

Addiert man die gesamten Personal- und Sachkosten für Unterkunft und Verpflegung erhält man die Gesamtkosten für diesen Kostenträger.

Unterkunft	330.107,-
Verpflegung	217.882,-
Gesamt:	**547.989,-**

2. Schritt: Verrechnung der Gemeinkosten

Nach der Verrechnung der Einzelkosten auf die einzelnen Leistungsstellen müssen die Gemeinkosten dem jeweiligen Kostenträger zugeordnet. Gemeinkosten fallen für alle Dienstleistungen insgesamt an und werden zunächst in der Kostenstellen-Rechnung nach Art und Höhe aufbereitet. Erst danach können sie mit Hilfe festgelegter Schlüssel auf die Kostenträger verteilt werden. Nach den Vorgaben der Zuordnungsübersicht des Ministeriums sind die Gemeinosten in der stationären Pflege zu je 50 Prozent auf die Leistungsbereiche Pflege sowie Unterkunft und Verpflegung (U + V) aufzuteilen. Danach sind die in der Kostenstellen-_Rechnung ermittelten Gemeinkosten in Höhe von **357.193,00** (S. 52) Euro wie folgt auf aufzuteilen:

50 % Pflege: =   =   178.596,40 Euro

50 % U + V: =   178.596,50 Euro.

c)   Gesamtkosten je Kostenträger

Nachdem zunächst die Einzelkosten auf die Kostenträger verteilt wurden, erfolgte im zweiten Schritt noch die Zurechnung der Gemeinkosten zu den Leistungsträgern, so dass sich folgende Gesamtkosten für das 80-Betten-Haus ergeben:

Gesamtkosten Pflege

	Euro
Einzelkosten	1.243.177,-
Gemeinkosten	178.596,-
Gesamt:	**1.421.773,-**

Gesamtkosten Unterkunft und Verpflegung

	Euro
Einzelkosten	547.989,-
Gemeinkosten	178.596,-
Gesamt:	**726.585,-**

2.4. Aufbau der Zuordnungsübersicht

Wenn die bisherigen Ausführungen noch nicht ganz klar sind, schauen Sie sich einfach die nachstehende Tabelle an, die die Kosten der vollstationären Pflegeleistungen gut von denen bei Unterkunft und Verpflegung sowie den Investitionskosten abgrenzt. Die tabellarische Übersicht ist nach den gesetzlichen Vorgaben der Zuordnungsübersicht gegliedert und soll in der Praxis dazu beitragen, das Vertrags- und Vergütungsrecht zu erleichtern. Eine pflegerische und wirtschaftliche Versorgung der Versicherten soll dadurch sichergestellt werden.

Waagerechte Kopfspalte

In der waagerechten **Kopfspalte** (horizontale Leiste) sind die Leistungen des Pflegeheims mit den dazugehörigen Finanzierungsquellen der Kostenträger aufgeführt und wie folgt unterteilt:

Kostenträger

- Pflege/Sozialdienst
- Unterkunft
- Verpflegung
- Investitionskosten

Senkrechte Seitenspalte

Die senkrechte Seitenspalte enthält die Kostenarten für das Personal des Pflegeheims, unterteilt nach Tätigkeitsbereichen, sowie den Sachmittelverbrauch einschließlich der von außen bezogenen Leistungen.

Personal nach Tätigkeitsbereichen

- Heimleitung und Verwaltung
- Pflegedienst
- Soziale Betreuung
- Verpflegung (Küche)
- Hauswirtschaftlicher Dienst
- Technischer Dienst

Sachmittelverbrauch

- Pflegerischer Bedarf
- Aufwand für soziale Betreuung
- Aufwand für Gemeinschaftveranstaltungen
- Speisenversorgung
- Wäscheversorgung
- Gebäude- und Raumreinigung
- Betriebsnotwenige Dienstleistungen
- Finanzierungskosten

Alle senkrecht addierten Zahlen sind zusammen genau so hoch wie die tatsächlichen **Gesamtkosten** der horizontalen Quersumme.

Verteilung der Einzel- und Gemeinkosten

Die Einzelkosten lassen sich aus der Kostenartenrechnung relativ einfach direkt auf die Kostenträgern übertragen. Danach wurden die Gemeinkosten, so, wie sie in der Kostenstellen-Rechnung erfasst sind, anteilig zu je 50 : 50 auf die Kostenträger verteilt.

Zuordnungsübersicht - Muster-Haus

Kostenträger	Plankosten	Pflege/ Sozialdienst	Unter- kunft	Küche	Investi- tionen
Personalkosten					
Heimleitung/ Verwaltung	199.030	99.515	99.515		
Pflege	1.166.729	1.166.729			
Sozialdienst	55.380	55.380			
Küche	185.606			185.606	
Hauswirtsch.	217.395		217.395		
Techn. Dienst (Hausmeister)	7.079				7.079
Personalkosten	**1.831.219**	**1.321.624**	**316.910**	**185.606**	**7.079**
Sachkosten					
Pflegebedarf	14.235	14.235			
Sozialdienst	6.833	6.833			
Lebensmittel	132.276			132.276	
Wirtschafts- Bedarf	112.712		112.712		
Wasser, Energie, Brennst.	74.753	37.376	36.376		
Büro, Verwaltung	35.624	17.812	17.812		
Steuern, Abg. Versicherung	33.288	16.644	16.644		
Finanzierungsk.	463.116				463.116
Wartung	9.344				9.344
Sachkosten	**882.181**	**92.900**	**184.544**	**132.276**	**472.460**
Personalkosten	**1.831.219**	**1.321.624**	**316.910**	**185.606**	**7.079**
Gesamt:	**2.713.400**	**1.414.524**	**501.455**	**317.882**	**479.539**

2.4.1 Vergütung je Leistungseinheit berechnen

Nachdem die Gesamtkosten für jeden Kostenträger ermittelt wurden, können in der Kostenträgerstückrechnung - meist auch Kalkulation genannt - die Selbstkosten je Leistungseinheit berechnet werden. Man unterscheidet zwei Hauptverfahren der Kalkulation:

- Zuschlagskalkulation und
- Divisionskalkulation.

Die **Zuschlagskalkulation** spielt in der Altenpflege keine Rolle. Sie wird vorwiegend in Unternehmen der Industrie angewendet, wenn unterschiedliche (heterogene) Produkte hergestellt werden und die Gemeinkosten per Zuschlag den einzelnen Gütern nach deren Inanspruchnahme zugerechnet werden.

Grundprinzip der **Divisionskalkulation** sind homogene Leistungen, bei denen Einzel- und Gemeinkosten ohne Aufteilung auf die Kostenträger verteilt werden. Dividiert man die Gesamtkosten durch die Anzahl der Leistungstage, erhält man das Entgelt je Leistungseinheit. Für das Entgelt der Hotelkosten kann die Divisionskalkulation in reiner Form angewendet werden.

a)   **Hotelkosten je Unterkunftstag**

Die Berechnung der Hotelkosten für das Musterhaus erfolgte auf der Grundlage folgender Plandaten:

- Planbetten gemäß Versorgungsvertrag: 80 Betten
- geplante Auslastung: 98 %
- belegte Betten im Jahresdurchschnitt: 78 Betten

Berechnungstage:
- 78 Betten x 365 Kalendertage =   28.470

Damit steht einer Berechnung des Entgelts für Unterkunft und Verpflegung nichts mehr im Wege:

Entgelte je Berechnungstag

Formel: $\frac{\text{Gesamtkosten}}{\text{Berechnungstage}}$ = **Euro/Tag**

Unterkunft

$\frac{501.455,- \text{ Euro}}{28.470}$ = 17,61

Verpflegung

$\frac{317.882,- \text{ Euro}}{28.470}$ = 11,17

Die Kosten für Unterkunft und Verpflegung (Hotelkosten) hat der Pflegebedürftige an den Heimträger unmittelbar selbst zu entrichten. Für die Bewohner unseres Musterpflegeheims sind das pro Kalendertag insgesamt:

Entgelte für Unterkunft und Verpflegung - Muster-Haus

	Euro/Tag
Unterkunft	17,61
Verpflegung	11,17
Gesamt:	**28,78**

b) Pflegesätze je Pflegeklasse berechnen

Nach den gesetzlichen Vorgaben müssen die Pflegesätze leistungsgerecht sein. Das bedeutet, dass die Gesamtkosten der Pflege - entsprechend dem Versorgungsaufwand - auf die drei Pflegeklassen verteilt werden müssen. In Kapitel 2.1 habe ich bereits dargestellt, wie die Soll-Pflegekräfte der Einrichtung nach festen Personalschlüsseln für jede Pflegestufe berechnet werden. Pflegeschlüssel stehen in einem bestimmten Verhältnis zueinander und spiegeln damit zugleich deren Kostenverzahnung untereinander wider. Das hat zur Folge, dass die Pflegesätze der drei Pflegestufen nach einer Sonderform der Divisionskalkulation, der Äquivalenz-Ziffernrechnung, zu berechnen sind. Die Unterschiede werden in der Regel durch Äquivalenz-Ziffern (Gewichtungsverhältniszahlen) ausgedrückt, die angeben, in welchem Verhältnis zueinander die Kosten der verschiedenen Produkte bzw. Dienstleistungen stehen. In unserer Beispielrechnung entsprechen die Berechnungstage je Pflegeklasse den Äquivalenz-Ziffern, die in der Regel durch feste Verhältniszahlen vorgegeben werden.

Die Divisionskalkulation kann für den Pflegebereich nicht in reiner Form, sondern nur in verfeinerter Form mit **Äquivalenz-Ziffern** angewendet werden. Gründe:

- Die Gemeinkosten der Einrichtung sind nach den Vorgaben des Ministeriums anhand fester Schlüssel auf die Kostenträger zu verrechnen und

- die Einzelkosten der Pflege müssen mit Hilfe von Gewichtungszahlen leistungsgerecht auf alle Pflegeklassen verteilt werden.

Wie die Einrichtungsleitung das mithilfe der Äquivalenz-Ziffernrechnung für jede einzelne Pflegeklasse macht, zeigen die Berechnungen in diesem Abschnitt. Benötigt werden dazu folgende Komponenten.

- Gesamtkosten der Pflege
- Soll-Pflegekräfte gemäß Stellenplan für jede Pflegestufe
- Anzahl der Berechnungstage je Pflegeklasse.

Während sich die Gesamtkosten der Pflege aus Kapitel 3.3 und die Zahl der Soll-Pflegekräfte aus Kapitel 2.1 ergeben, fehlt noch die dritte Größe "Anzahl der Berechnungstage je Pflegeklasse", die wie folgt berechnet wird:

Berechnungstage je Pflegeklasse

Pflegeklasse	Bewohner	Berechnung	Berechnungstage
I	21	21 x 365 =	7.665
II	37	37 x 365 =	13.505
III	20	20 x 365 =	7.300

Gesamt:			**28.470**

Damit sind alle Voraussetzungen erfüllt, um die Pflegesätze für alle drei Pflegeklassen nach folgender Formel zu ermitteln:

Formel für die Berechnung der Pflegesätze

$$\frac{\text{Jahressumme x Vollkräfte je Pflegeklasse}}{\text{Berechnungstage je Pflegeklasse x Vollkräfte}} = \text{Pflegesatz}$$

Berechnung der Pflegesätze   Euro/Tag
Pflegeklasse I:

$$\frac{1.321.624{,}- \text{ Euro x } 5{,}25}{7.665 \text{ x } 31{,}15} = 29{,}06$$

Pflegeklasse II:

$$\frac{1.321.624{,}- \text{ Euro x } 14{,}80}{13.505 \text{ x } 31{,}15} = 46{,}50$$

Pflegeklasse III:

$$\frac{1.321.624{,}-\text{Euro x } 11{,}10}{7.300 \text{ x } 31{,}15} = = 64{,}51$$

In unserem Musterbeispiel zahlt der Bewohner bzw. sein Kostenträger folgende Pflegesätze für den Monat März 2013 an das Haus:

Pflegesätze für Muster-Haus

Pflegeklasse	Berechnung	Euro/Monat
I	31 x 29,06 =	900,86
II	31 x 46,50 =	1.441,50
III	31 x 64,51 =	1.999,81

Welche Entgelte der Heimbewohner bzw. sein Kostenträger für die voll- oder teilstationäre Pflegeleistungen an seine Pflegeeinrichtung zu zahlen hat, ergibt sich letztlich aus den in Pflegesatzverhandlungen geschlossenen Vereinbarungen.
Für gesetzlich oder privat Versicherte in der Pflegeversicherung übernimmt die Pflegeklasse folgende Höchstbeträge:

Leistungen der Pflegekassen

Pflegeklasse	Höchstbetrag/Monat/Euro
I	1.023,00
II	1.279,00
III	1.550,00
Härtefall	1.918,00

Die Sozialhilfe muss den von der Pflegeversicherung nicht gedeckten Betrag übernehmen, wenn im Einzelfall der Heimbewohner bedürftig im Sinne des Sozialhilferechts ist.

Das kostet die Pflege im Heim

Vergütung der vollstationären Dauerpflege 2009 in Euro je Monat

In	Stufe 1	Stufe 2	Stufe 3	enthaltene Hotelkosten
Nordrhein-Westfalen	2.176	2711	3.263	835
Hamburg	2.036	2.598	3.171	691
Baden-Württemberg	2.180	2.607	3.127	630
Saarland	2.007	2.485	3.086	656
Rheinland-Pfalz	1.951	2.335	2.973	668
Hessen	1.949	2.456	2.967	556
Berlin	1.989	2.521	2.903	503
Bayern	2.132	2.512	2.792	543
Schleswig-Holstein	1.948	2.312	2.672	627
Niedersachsen	1.822	2.205	2.598	514
Brandenburg	1.675	1.985	2.480	499
Mecklenburg-Vorpommern	1.642	2.002	2.438	479
Thüringen	1.579	1.950	2.399	565
Sachsen	1.543	1.864	2.350	460
Sachsen-Anhalt	1.622	1.987	2.267	487

Die Vergütung ist in Ostdeutschland niedriger, mit Ausnahme von Berlin, was auf geringere Personalkosten zurückgeführt werden kann.

Quelle: Barmer GEK Pflegereport 2012

3. Innerbetriebliche Kostenkontrolle

In den letzten Jahren hat die innerbetriebliche Kostenkontrolle in der stationären Pflege an Bedeutung gewonnen. Viele Pflegeeinrichtungen sind dazu übergegangen, den Kostenstellenleitern die Verantwortung für ihr Budget zu übertragen. Erst die sachgemäße Kontrolle durch den Bereichsleiter, der in der Regel über das notwendige Know-how verfügt, ermöglicht es, das Kostenverhalten zu analysieren, um auf veränderte Rahmenbedingungen angemessen und schnell reagieren zu können. Werden Kostenstellenleitern die in Pflegesatzverhandlungen vereinbarten Plankosten als Richtschnur vorgegeben, können sie regelmäßig mithilfe von Soll-Ist-Vergleichen prüfen, ob die vorgegebenen Plankosten von den Ist-Kosten abweichen.

Der Kostenvergleich ist ein effizientes Kontrollinstrument, um den Kostenverlauf und die Wirtschaftlichkeit in allen Leistungsbereichen zu überwachen. Er erstreckt sich auf alle Kostenarten, die der Kostenstellenverantwortliche in seinem Bereich unmittelbar beeinflussen kann. Abweichungen weisen gegebenenfalls auf Planungsfehler hin bzw. fordern eine fundierte Abweichungsanalyse geradezu heraus. Die Analyse der Abweichungen zwischen den Ist- und den Plan-Kosten liefert wertvolle Ansätze, um mit angemessen Maßnahmen darauf reagieren zu können. Im nächsten Schritt forscht der Bereichsleiter nach den Ursachen, um dann mit entsprechenden Maßnahmen die Abweichungen zu beseitigen. Schleichende Prozesse von Unwirtschaftlichkeit können so vermieden werden.

Die Plankostenrechnung ist damit zu einem zukunftsorientierten Lenkungs- und Steuerungsinstrument für stationäre Pflegeeinrichtungen.

Gründe für Abweichungen können sein:

- Verbrauchsmengen
- Preisabweichungen (meist extern, ohne Einfluss)
- Beschäftigungsabweichungen z.B. durch
- Belegungsschwankungen
- Veränderungen in der Bewohner-Struktur.

Beispiel:

Die Pflegedienstleitung stellt durch Soll-Ist-Vergleich fest, dass in der Pflegestufe 3 auf Dauer weniger Bewohner betreut werden als geplant. Weil die Einrichtung in Zukunft weniger einnehmen wird als geplant, muss die PDL die Kosten auch im Pflegebereich entsprechend anpassen.

3.1 Plankosten für Musterhaus auf Kostenstellen verteilen

In dem hier vorgestellten Muster-Beispiel sind die Bereichsleiter für die innerbetriebliche Kostenkontrolle verantwortlich. Für die **Einzelkosten,** die von jedem Kostenstellenverantwortlichen direkt beeinflusst werden können, sind das:

- die Pflegedienstleitung für den Bereich Pflege und Sozialdienst,
- die Hauswirtschaftsleitung für de Unterkunft und
- der Küchenchef, der für den Küchenbereich zuständig ist.

Und die Kontrolle der Gemeinkosten sowie für die Umlage der Investitionskosten übernimmt in unserem Musterhaus die Verwaltungsleitung.

Verteilung der Plankosten

Das nachstehende Musterbeispiel zeigt, wie die Personal- und Sachkosten auf die innerbetrieblichen Leistungsbereiche verteilt wurden.

Vorgehensweise:

1. Schritt:
Soll- Jahreskosten aus der Kostenartenrechnung auf die Kostenträger übertragen

2. Schritt:
Verteilung der Jahreskosten auf zwölf Monate

3. Schritt:
Soll-Ist-Vergleich und Abweichungsanalyse durchführen

1. Schritt: **Jahreskosten aus Kostenartenrechnung übernehmen**

Kostenstelle 95. - Pflege

Personalkosten

	Soll	Ist	Abweichung %
Pflegedienstleitung	45.930,-		
Pflegefachkräfte	612.384,-		
Pflegekräfte	508.415,-		
Sozialdienst	55.380,-		
Gesamt:	1.222.109,-		

2. Schritt: Jahreskosten auf Monate verteilen

1.222.109,-: 12 = **101.842,- Euro**

	Soll	Ist	Abweichung %
Januar	101.842,-		
Februar	203.684,-		
März	305.526,-		
April	usw.		
Mai	-		
Juni			
Juli			
August			
September			
Oktober			
November			
Dezember	1.222.109,-		

3. Schritt: Abweichungsanalyse durchführen

Monat	**Begründung, Maßnahmen, Ergebnisse**

Januar:_____

_____

_____

Februar:_____

_____

_____

usw.

1. Schritt: Jahreskosten aus Kostenartenrechnung übernehmen

Kostenstelle 95.. - Pflege

Sachkosten

	Soll	Ist	Abweichung %
Pflegemittel	14.235,-		
Soziale Betr.	6.833,-		
Gesamt:	21.068,-		

2. Schritt: Jahreskosten auf Monate verteilen

21.068,00 Euro : 12 = **1.756,- Euro**

(siehe Muster S. 74)

3. Schritt: Abweichungsanalyse durchführen

(Muster siehe Seite 75)

1. Schritt: Jahreskosten aus Kostenartenrechnung Übernehmen

Kostenstelle 911 - Küche

Personalkosten

	Soll	Ist	Abweichung
Fachkräfte	54.349,-		
Hilfskräfte	131.257,-		
Gesamt:	**185.606,-**		

2. Schritt: Jahreskosten auf Monate verteilen

185.606,- : 12 =   15.467,- Euro
(siehe Muster S. 74)

3. Schritt: Abweichungsanalyse durchführen
(Muster siehe S. 75)

1. Schritt: Jahreskosten aus Kostenartenrechnung Übernehmen

Kostenstelle 911 - Küche

Sachkosten

	Soll	Ist	Abweichung
Lebensmittel	132.276,-		
Gesamt:	132.276,-		

2. Schritt: Jahreskosten auf Monate verteilen

132.276,- : 12 = 11.023,- Euro
(siehe Muster S. 74)

3. Schritt: Abweichungsanalyse durchführen
(Muster siehe S. 75)

1. Schritt: Jahreskosten aus Kostenartenrechnung übernehmen

Kostenstelle: 91.. - Hauswirtschaft

Personalkosten

	Soll	Ist	Abweichung
Leitung	41.774,-		
Wirtschaftsdienst	175.621,-		
Gesamt:	**217.395,-**		

2. Schritt: Jahreskosten auf Monate verteilen

217.395,- : 12 = 18.116,- Euro
(siehe Muster S. 74)

3. Schritt: Abweichungsanalyse durchführen
(siehe Muster S. 75)

1. Schritt: Jahreskosten aus Kostenartenrechnung übernehmen

Kostenstelle: 91.. - Hauswirtschaft

Sachkosten

	Soll	**Ist**	**Abweichung**
Wirtschafts-bedarf	112.712,-		.
Gesamt:	**112.712,-**		

2. Schritt: Jahreskosten auf Monate verteilen
(siehe Muster Seite 74)

3. Schritt: Abweichungsanalyse durchführen
(Muster siehe Seite 75)

1. Schritt: Jahreskosten aus Kostenartenrechnung übernehmen

Kostenstelle 902 - Leitung, Verwaltung

Personalkosten

	Soll	Ist	Abweichung
Heimleitung	48.391,-		
Verwaltung	91.728,-		
Technischer Dienst	28.315,-		
Pforte	30.596,-		
Gesamt:	**199.030,-**		

2. Schritt: Jahreskosten auf Monate verteilen

199.030,- : 12 = **16.586,- Euro**
(siehe Muster S. 74)

3. Schritt: Abweichungsanalyse durchführen
(Muster siehe S. 75)

1. Schritt: Jahreskosten aus Kostenartenrechnung Übernehmen

Kostenstelle 915, 916, 902 - Leitung, Verwaltung

Sachkosten

	Soll	Ist	Abweichung
Energie, Brennstoffe	74.752,-		
Büro-, Verwaltungsbedarf	35.624,-		
Steuern, Abgaben Versicherung	33.288,-		
Gesamt:	**143.664,-**		

2. Schritt: Jahreskosten auf Monate verteilen

143.664,- : 12 = 11.972,- Euro
(siehe Muster S. 74)

3. Schritt: Abweichungsanalyse durchführen
(siehe Muster S. 75)

1. Schritt: Jahreskosten aus Kostenartenrechnung Übernehmen

Kostenstelle 900, 901 - Gebäude, Außenanlagen

Personalkosten

	Soll	Ist	Abweichung
Technischer Dienst	7.079,-		
Gesamt:	**7.079,-**		

2. Schritt: Jahreskosten auf Monate verteilen

7.079,- : 12 =   590,- Euro
(siehe Muster S. 74)

3. Schritt: Abweichungsanalyse durchführen
(Muster siehe S. 75

1. Schritt: Jahreskosten aus Kostenartenrechnung Übernehmen

Kostenstelle 900, 901 - Gebäude, Außenanlagen

Sachkosten

	Soll	Ist	Abweichung
Zinsen	269.632,-		
Abschreibung	122.560,-		
Instandhaltung,	61.280,-		
Techn. Dienst	7.079,-		
Wartung	9.052,-		
Gesamt:	**469.603,-**		

2. Schritt: Jahreskosten auf Bewohner und Monate verteilen

469.603- : 80 =   5.870,04 € je Bewohner/Jahr
5.870,04 : 12 =   489,17 € je Monat
  489,17 : 30 =   16,31 € je Berechnungstag
(siehe Muster S. 74)

3. Schritt: Abweichungsanalyse durchführen
(Muster siehe S. 75)

4. Kostenträgerzeitrechnung - Erfolg für abgelaufene Periode ermitteln

Während die Planungsrechnung die voraussichtlichen Sollkosten der Einrichtung für Pflegesatzverhandlungen mit den Kostenträgern ermittelt, ist es Aufgabe der Ist-Kostenrechnung, mithilfe von Soll-Ist-Vergleichen die Erlöse der abgesetzten Leistungen mit den tatsächlich angefallenen Kosten zu vergleichen. Abweichungen zeigen der Einrichtungsleitung, ob die kalkulierten Erlöse die Kosten in den einzelnen Leistungsbereichen decken. Hauptaufgaben der Ist-Kostenrechnung sind:

- den Erfolg für eine abgelaufene Wirtschaftsperiode (Monat, Quartal, Jahr) zu ermitteln und

- Nachkalkulation der in der Planungsrechnung kalkulierten Entgelte.

Die Kostenträgerzeitrechnung verrechnet Kosten und Erlöse nach der gleichen Methode wie die Planungsrechnung. Die Differenz zwischen Erlösen und Ist-Kosten stellt das betriebswirtschaftliche Ergebnis und damit den rechnerischen Erfolg der Einrichtung dar. Übersteigen die Erlöse der abgesetzten Dienstleistungen die Kosten, erzielt die Einrichtung Gewinn. Wenn die Kosten die Erlöse überteigen, erzielt die Einrichtung einen Verlust. Sind die beiden Größen gleich, befindet sich das Haus an einem Break-Even-Point.

4.1. Zwei Verfahren der Erfolgsermittlung

Der Betriebserfolg einer Periode kann in der Kosten- und Leistungsrechnung auf zweierlei Art ermittelt werden; einmal nach dem Gesamtkostenverfahren und zum anderen nach dem Umsatzkostenverfahren. Das Ergebnis ist bei beiden Ermittlungsmethoden gleich.

Gesamtkostenverfahren. Beim Gesamtkostenverfahren werden von den erzielten Erlösen der abgesetzten Dienstleistungen die Gesamtkosten abgezogen, um das Betriebsergebnis zu ermitteln. Typisches Merkmal für dieses Verfahren ist, dass die Erlöse nicht nach Kostenträgern aufgeteilt werden.

Umsatzkostenverfahren. Anders verfährt das Umsatzkostenverfahren. Hier wird der Erfolg für **jeden Kostenträger** separat ermittelt, indem den Erlösen der Dienstleistungen auch die zurechenbaren Ist-Kosten der abgelaufenen Periode gegenübergestellt werden. Die Planerlösrechnung für das Musterhaus zeigt im folgenden Abschnitt, wie das praktisch umgesetzt werden kann. Zugleich verdeutlichen die Ergebnisse, welchen Anteil jeder einzelne Kostenträger am gesamten Umsatz hat.

Die Anlage 6 der Pflegebuchführungsverordnung (PBV) gibt eine Empfehlung, wie die Erlöse den Kostenträgern zuzuordnen sind.

Kostenträgerübersicht

Pflegeklasse I

Pflegeleistungen
Unterkunft und Verpflegung

Pflegeklasse II

Pflegeleistungen
Unterkunft und Verpflegung

Pflegeklasse III

Pflegeleistungen
Unterkunft und Verpflegung

Zusatzleistungen Pflege

Zusatzleistungen Unterkunft und Verpflegung

4.1.1 Planerlösrechnung je Kostenträger

Das folgende Beispiel zeigt, wie die Erlöse der einzelnen Kostenträger des Muster-Pflegeheims nach dem Umsatzkostenverfahren berechnet wurden. Weil konkrete Zahlen zu den Umsätzen im Planungsbeispiel fehlen, wurden die Erlöse anhand der in der Planungsrechnung ermittelten Leistungszahlen und Kostensätze berechnet. Dazu zählen:

- Pflegetage für stationäre Leistungen,
- Berechnungstage für Unterkunft und Verpflegung sowie
- Kostensätze (Entgelte) für die Kostenträger.

Die tabellarische Übersicht ist nach den Vorgaben der Zuordnungsübersicht in die drei Leistungsbereiche Pflege, Unterkunft und Verpflegung sowie Investitionskosten gegliedert. Während die waagerechte Kopfspalte nach Kostenträgern gegliedert ist, enthält die senkrechte Spalte die Leistungsdaten, nach denen die Erlöse berechnet wurden.

Beispiel:

In der Pflegestufe 1 wurden in der abgelaufenen Wirtschaftsperiode insgesamt 7.665 Pflegetage erbracht. Multipliziert man diese mit dem Pflegesatz der Stufe 1 von 29,06 Euro, betragen die Erlöse in der Pflegeklasse 1 insgesamt 222.745,- Euro.

Planerlösrechnung für Musterhaus

Erlösarten	Pflege	Unterkunft/ Verpflegung	Investitions- Kosten
Pflege Stufe 1 7.665 x 29,06 =	222.745,-		
Stufe 2 13.505 x 46,50,- =	767.483,-		
Stufe 3 7.300 x 64,51 =	470.923,-		
	1.461.151,-		
Unterkunft		28.470 x 17,61 = 501.357,-	
Verpflegung		28.470 x 11,17 = 318.010,-	
Investitionskosten (78 Bewohner x 365 = 28.470)			28.470 x 16,31 = 464.346,-
	1.461.151,-	819.367,-	464.346,-
Gesamt:			= 2.744.864,-

Erlösanteil der Kostenträger am Gesamtumsatz in %

Kostenträger	Euro	%
Pflege	1.461.151,-	53 %
Unterkunft	501.357,-	18 %
Verpflegung	318.010,-	12 %
Investitionskosten	464.346,-	17 %
Gesamt:	**2.744.864,-**	**100 %**

Die Ergebnisse zeigen, welche Dienstleistungsgruppen zum Unternehmenserfolg beigetragen bzw. welche Gruppen Verluste erwirtschaftet haben. Die Leitung kann die Berechnung für unterschiedliche Perioden (Monat, Quartal, Jahr) durchführen und feststellen, ob es Abweichungen von den geplanten Erlösen gibt. Stärken und Schwächen können so analysiert und entsprechende Gegenmaßnahmen eingeleitet werden. Fehlentwicklungen in der Einrichtung werden so vermieden. Soll-Ist-Vergleiche sind damit ein gutes Instrument, die Wirtschaftlichkeit und Leistungsfähigkeit der betrieblichen Abläufe ständig zu überwachen.

4.1.2 Kurzfristige Erfolgsrechnung

Die kurzfristige Erfolgsrechnung (KER), auch als Kostenträgerzeit- oder Deckungsbeitragsrechnung bezeichnet, verbindet die Kostenrechnung mit der Leistungs- bzw. Erlösrechnung. Erfolgt das Controlling monatlich, erhält man die kurzfristige Erfolgsrechnung als aussagefähiges Lenkungsinstrument.
Zusammen mit der Erlösrechnung ist sie ein probates Instrument, um Kosten und Leistungen durch permanente Soll-Ist-Vergleiche zeitnah für einen bestimmten Zeitraum zu überwachen.

In der stationären Altenpflege kann die tabellarische Form der Zuordnungsübersicht dazu genutzt werden, die Deckungsbeiträge der nach außen abgegebenen Leistungen einer Abrechnungsperiode am Gesamtergebnis zu zeigen (siehe Erlösrechnung S. 91). Dadurch kann nicht nur der Betriebserfolg für die gesamte Einrichtung ermittelt werden, sondern darüber hinaus zeigen die einzelnen Dienstleistungsbereiche, welchen Anteil sie am Gesamtergebnis haben. Die kurzfristige Erfolgsrechnung ist damit ein probates Instrument, um die laufenden Betriebsprozesse zu überwachen und zu steuern. Zugleich liefern die Analyse der Abweichungen und die Ergebnisrechnung der Finanzbuchhaltung wichtige Informationen, die für das operative Controlling sowie für die Vorauskalkulation der Selbstkosten der nächsten Periode genutzt werden können.

Liquidität der Einrichtung sichern

Vorrangige Aufgabe der kurzfristigen Erfolgsrechnung ist es, die Liquidität der Einrichtung zu sichern, damit die Einrichtung ihre laufenden Zahlungsverpflichtungen pünktlich erfüllen kann. Die ständige Zahlungsbereitschaft zu möglichst geringen Kosten vorzuhalten, gehört zu den wichtigsten Aufgaben des Finanzmanagements. Das erfordert, einen Finanzplan zu erstellen, um die Liquiditätsentwicklung in den kommenden Wochen beurteilen zu können. Notwendig ist, alle zu erwartenden Einnahmen den bevorstehenden Ausgaben gegenüberzustellen. Die Zahlungseingänge und liquiden Mittel müssen ausreichen, um die laufenden Verpflichtungen pünktlich zu erfüllen.

Liquidität 1. Grades

Man erhält sie, indem die flüssigen Mittel (Bar- und Buchgeld) mit den kurzfristigen Verbindlichkeiten verglichen werden.

Kasse, Sicht- und Termineinlagen bei Banken sowie diskontfähige Wechsel werden dabei allen kurzfristigen Verbindlichkeiten gegenübergestellt. Die Summe der kurzfristigen Verbindlichkeiten kann vereinfacht aus den beiden Bilanzpositionen "Verbindlichkeiten" und "sonstige Rückstellungen" ermittelt werden.

Formel

Liquidität 1. Grades = flüssige Mittel x 100/kurzfristige Verbindlichkeiten

Ziel:

Die Liquidität 1. Grades sollte 20 % nicht unterschreiten.

Beispiel (Auszug aus Bilanz):

Aktiva		Bilanz	Passiva
Umlaufvermögen			
Forderungen	36.000,-	Kurzfristige Verbindlichkeiten	60.000,-
Flüssige Mittel (Kasse, Bank, Postscheck)	24.000,-		
Gesamt:	60.000,-		60.000,-

Im vorgenannten Beispiel beträgt die Liquidität:

(24.000,-/60.000,-) x 100 =   40 %.

Liquidität 2. Grades

Die Liquidität 2. Grades vergleicht das kurzfristige Umlaufvermögen mit den kurzfristigen Verbindlichkeiten. Das kurzfristige Umlaufvermögen umfasst die flüssigen Mittel und kurzfristige Forderungen, die im genannten

Beispiel 60.000,- € betragen und die kurzfristigen Verbindlichkeiten voll ausgleichen.

Formel

Liquidität 2. Grades = kurzfristiges Umlaufvermögen x 100/ kurzfristige Verbindlichkeiten

Nachkalkulation der geplanten Entgelte

Die Nachkalkulation der in der Plankostenrechnung ermittelten Entgelte soll die Frage beantworten, wie viel die Kostenträger in der abgelaufenen Periode tatsächlich gekostet haben. Dazu werden die erfassten Ist-Kosten mit den in der Plankostenrechnung ermittelten Entgelten verglichen. Methodisch geht die Nachkalkulation genauso vor wie beim Soll-Ist-Kostenvergleich, indem den Leistungsstellen verursachungsgerecht die jeweiligen Kostenarten zugerechnet werden. Zugleich zeigt die für die abgelaufene Periode durchgeführte Nachkalkulation, ob die bisherigen Kalkulationsgrundlagen auch für zukünftige Selbstkostenrechnungen herangezogen werden können.

4.2 Kennzahlen für das operative Controlling

Kosten- und Leistungsrechnung sowie die Betriebsstatistik liefern die Basisdaten für das operative Controlling, das zum Ziel hat, die Entwicklung der Einrichtung im Zeitablauf darzustellen. Die Leitung erhält notwendige Kennzahlen und Informationen, um sachgerechte Entscheidungen für die wirtschaftliche Gestaltung der Pflege- und Ablaufprozesse treffen zu können. Aus der Buchhaltung können relativ einfach Daten zu Personal, Verweildauer, Verbrauch, Kapital sowie der Gewinn- und Verlustrechnung übernommen und zu einem zu einem umfassenden und transparenten Kontroll- und Berichtssystem ausgebaut werden.

Die Ziele des operativen Controllings sind sowohl quantitativer als auch qualitativer Art. Beispiele:

- Betriebsergebnis
- Deckungsbeitrag einer Leistung, z.B. einer Pflegestufe
- Auslastungsgrad der Einrichtung
- Kundenzufriedenheit.

Während qualitative Kennzahlen meist mittels Fragebögen erhoben werden, und beispielsweise die Zufriedenheit der Bewohner mit ihrer Einrichtung messen, machen quantitative Kennzahlen in erster Linie Aussagen über finanzielle Sachverhalte der Einrichtung. Sie geben in konzentrierter Form z.B. das Verhältnis von Leistungszahlen oder Kostengrößen der Einrichtung zueinander an.

4.2.1 Messzahlen für den innerbetrieblichen Vergleich

Der innerbetriebliche Vergleich von angefallenen Kosten und erzielten Erlösen aus Absatzleistungen kann sich auf unterschiedliche sowie derselben Periode beziehen. Während Einzelkennzahlen, wie zum Beispiel die absolute Zahl der in der Pflege beschäftigten Mitarbeiter, für sich allein nur begrenzt aussagefähig sind, eignen sich Messzahlen gut für innerbetriebliche Kontrollen. Sie geben das Verhältnis verschiedener betrieblicher Tatbestände zueinander an und beziehen prinzipiell alle Bezugsgrößen aus der Kosten- und Leistungsrechnung mit ein. Messzahlen ermöglichen der Leitung innerbetriebliche und zwischenbetriebliche (Benchmarking) Vergleiche und zeigen, ob Planungsvorgaben eingehalten werden und wo die Einrichtung im Vergleich mit der Konkurrenz steht. Die Quellen des Erfolgs können so analysiert und die betrieblichen Abläufe transparent und zielgerichtet gesteuert und optimiert werden. Planung und Budgetierung können so überwacht und sowohl Kosten wie auch Erlöse eines Zeitabschnitts mit einem anderen Zeitraum verglichen werden.

Der **Zeitvergleich** ist ein Ist-Ist-Vergleich, bei dem mehrere Jahres-, Quartals- oder Monatsbilanzen miteinander verglichen werden. Im Gegensatz dazu stellt der **Soll-Ist-Vergleich** den Planzahlen die effektiv entstandenen Ist-

Zahlen im **Abrechnungszeitraum** gegenüber und zeigt, ob und in welchem Maße vorgegebene Ziele erreicht wurden. Abweichungen können so festgestellt und analysiert werden. Die Leitung kann so konkrete

Maßnahmen ergreifen und Fehlentwicklungen vermeiden.

Gut geeignet für innerbetriebliche Vergleiche sind Kennzahlen zu folgenden Sachverhalten:

- Wirtschaftlichkeit
- Eigenkapitalrentabilität
- Gesamtkapitalrentabilität
- Beschäftigungsgrad bzw. Kapazitätsauslastung
- Verschuldungsgrad

a) Wirtschaftlichkeit - gemessen mit Erlösen und Kosten

Strategisches Ziel der Einrichtungsleitung ist es, mit den in Pflegesatzverhandlungen vereinbarten personellen und sachlichen Ressourcen eine bestmögliche Versorgungsqualität in der Einrichtung zu gewährleisten. Dazu werden in regelmäßigen Zeitabständen den erzielten Erlösen die dafür entstandenen Kosten gegenübergestellt, um feststellen zu können, ob die einzelnen Leistungsbereiche wirtschaftlich arbeiten.

Formel für Wirtschaftlichkeit

Wirtschaftlichkeit = Erlöse / Kosten

Berechnung der Wirtschaftlichkeit:

Angenommen, die Erlöse der Pflegeklasse 1 betrugen im Geschäftsjahr 2012 120.000,00 Euro und die Kosten für Personal, Sachmittel und sonstiges beliefen sich 110.000,00 Euro.

Die Wirtschaftlichkeit beträgt: 120.000 / 110.000 = **1,09**

Ist das Ergebnis größer als 1, so ist ein Wertzuwachs gegeben. Ist das Ergebnis gleich 1, ist kostendeckende

Wirtschaftlichkeit gegeben. Und ist das Ergebnis kleiner als 1, macht die Einrichtung Verlust. In unserem Beispiel ist die Kennzahl größer als 1, so dass ein Wertzuwachs gegeben ist und die Einrichtung wirtschaftlich arbeitet.

Fazit:

Die Wirtschaftlichkeit wird am besten

- im Vergleich mit anderen Einrichtungen oder
- im Zeitvergleich (Geschäftsjahr 2012 mit 2011)

gemessen, um Verbesserungen der Wirtschaftlichkeit erkennen zu können.

b) Eigenkapitalrentabilität

Eigenkapitalrentabilität bezeichnet das Verhältnis zwischen dem Gewinn[22] und dem Eigenkapital einer Einrichtung. Die Kennziffer zeigt, wie hoch die Verzinsung des Eigenkapitals einer Periode war. Die nachstehende Tabelle enthält Zahlen der Bilanz sowie der Gewinn- und Verlustrechnung einer Pflegeeinrichtung, nach denen die Eigenrentabilität und Gesamtrentabilität in den folgenden Musterbeispielen berechnet wurden.

Zahlen der Buchhaltung	Euro
Gewinn	36.000,-
Fremdkapitalzinsen	41.000,-
Eigenkapital	300.000,-
Langfristiges Fremdkapital	400.000,-
Kurzfristiges Fremdkapital	100.000,-

Formel Eigenkapitalrentabilität:

Gewinn/Eigenkapital

---

[22] Gewinn = Jahresüberschuss nach Steuern

Die Eigenkapitalrentabilität beträgt:

36.000,-/300.000,- x 100   =   **12 %**

c)   Gesamtrentabilität

Die Gesamtrentabilität gibt die "Verzinsung" des gesamten in der Einrichtung eingesetzten Kapitals, das sich aus Eigenkapital und Fremdkapital zusammensetzt, an. Bei der Berechnung wird das Betriebsergebnis um die Fremdkapitalzinsen erhöht. Oftmals wird für die Gesamtrentabilität auch die englische Bezeichnung Return on Investment (ROI) verwendet.

Formel Gesamtrentabilität:

(Gewinn + Fremdkapitalzinsen)/Gesamtkapital

Die Gesamtrentabilität beträgt:

(36.000,- + 41.000,-)/800.000,- x 100   =   **9,6 %**

d) Beschäftigungsgrad bzw. Kapazitätsauslastung

Pflegekassen gehen in Pflegesatzverhandlungen von einer 98%igen Auslastung der Bettenkapazitäten aus. Bezogen auf das Beispiel unseres Musterhauses werden danach von 80 Planbetten effektiv 78 ständig von Bewohnern genutzt. Damit gibt der Beschäftigungsgrad das Verhältnis zwischen der tatsächlichen Auslastung und der maximal möglichen Auslastung der vorhandenen Planbetten der Pflegeeinrichtung an. Ein möglichst hoher Beschäftigungsgrad ist für Pflegeeinrichtungen von großer Bedeutung, weil dadurch die festen Kosten für Gebäude, Ausstattung und Instandhaltung auf viele Pflegebedürftige verteilt werden können, was zu einer geringeren Belastung für den einzelnen Bewohner führt. Berechnen lässt sich die Auslastung für das gesamte Haus oder einer Station anhand der erbrachten Pflegetage pro Monat, Quartal oder Jahr anhand folgender Formel:

Beschäftigungsgrad: Ist-Auslastung/mögliche Auslastung (Kapazität) x 100

Beispiel für die Berechnung des Beschäftigungsgrads

Das Musterpflegeheim hat in 2012 insgesamt 28.470 Pflegetage erbracht. Maximal möglich wären bei 80 Planbetten 80 x 365 = 29.200 Pflegetage gewesen.

Berechnung: 28.470,-/29.200,- x 100 =   **98 %.**

e) **Verschuldungsgrad des Unternehmens**

Der Verschuldungsgrad eines Unternehmens gehört zu den wesentlichen Kennzahlen des betrieblichen Controllings und gibt das Verhältnis zwischen bilanziertem Fremdkapital und Eigenkapital eines Schuldners an. Das Eigenkapital ist von Bedeutung, weil die Kennzahl des Unternehmens zeigt, welche Haftungsmasse den Gläubigern zur Verfügung steht. Je höher der Eigenkapitalanteil ist, umso niedriger ist das Risiko der Gläubiger und umgekehrt. Der Verschuldungsgrad soll deshalb informieren über die Fähigkeit, Verluste oder den kurzfristigen Entzug von Eigenkapital oder Fremdkapital durchzustehen. Er gibt also Auskunft über die Finanzstruktur eines Schuldners und zeigt auf, wie weit das Fremdkapital durch Eigenkapital gedeckt ist. Mit steigendem Verschuldungsgrad steigt das Kreditrisiko für Gläubiger. Die Finanzstruktur verdeutlicht letztlich die finanzielle Abhängigkeit von fremden Kreditgebern.

Gläubiger haben ein hohes Interesse daran, ihr Kreditrisiko während der Kreditlaufzeit jederzeit messen zu können. Dazu bedarf es der Transparenz der wirtschaftlichen Verhältnisse ihres Schuldners (Jahresabschlüsse), um aus diesen Unterlagen Informationen über das Kreditrisiko gewinnen zu können.

Der Verschuldungsgrad lässt sich mit folgender Formel berechnen:

Formel: Fremdkapital/Eigenkapital x 100

Beispiel:

Eine Einrichtung weist in der Bilanz ein Fremdkapital in Höhe von 800.000 €, sowie ein Eigenkapital in Höhe von 200.000 €, aus. Das Gesamtkapital bzw. die Bilanzsumme betragen 1 Mio. €.

Bilanz zur Berechnung des Verschuldungsgrades

Aktiva	Passiva
Anlagevermögen Gebäude, Anlagen 700.000,-	**Eigenkapital** 200.000,-
Umlaufvermögen Vorräte 50.000,-	**Fremdkapital** (langfristige Kredite) 700.000,-
Forderungen an Kunden, Pflegekassen 150.000,-	Verbindlichkeiten aus Liefer./Leistungen 100.000,-
Kasse, Bank 100.000,-	

| Gesamt: | 1.000.000,- | | 1.000.000,- |

Der Verschuldungsgrad beträgt somit: 800.000 €/200.00 € x 100 = **400 %**.

Im vorgenannten Beispiel beträgt der Verschuldungsgrad 400 %, was einer häufig in sozialen Einrichtungen anzutreffenden Eigenkapitalquote von 20 Prozent der Finanzierung entspricht.

Nach den Richtlinien des Körperschaftsteuergesetzes ist eine angemessene Eigenkapitalausstattung grundsätzlich gegeben, wenn das Eigenkapital mindestens 30 Prozent des Aktivvermögens beträgt, was bedeutet, dass 70 Prozent Anlagevermögens über Fremdkapital zu finanzieren sind.

4.2.2 Richtzahlen für den externen Betriebsvergleich

Der externe Vergleich spielt in Pflegesatzverhandlungen zwischen Pflegekassen und Einrichtungsträger eine wichtige Rolle. Bei der Prüfung, ob die von der Einrichtung geforderten Entgelt angemessen und leistungsgerecht sind, vergleicht die Pflegekasse mithilfe von Richtzahlen die Kostenstrukturen sowie die Höhe der Entgelte mit anderen Einrichtungen in der Region. Über den Betriebsvergleich lässt sich der Stand der eigenen Einrichtung im Vergleich zum Branchendurchschnitt bestimmen. Gegenstand der Analyse sind:
- Kostenarten (siehe Beispiele nächste Seite).
- Betriebsergebnis
- Rentabilität
- Produktivität.

Das Heim kann die gesonderte Berechnung grundsätzlich **einseitig** vornehmen. Teilweise geförderte Heime bedürfen hierzu allerdings der Zustimmung der zuständigen Landesbehörde[23]. Nicht geförderte Pflegeheime haben die gesonderte Berechnung von Investitionskosten der zuständigen Landesbehörde lediglich mitzuteilen[24]. Der Bewohner kann bis zu bestimmten Einkommensgrenzen für gesondert berechnete Investitionskosten Pflegewohngeld beim zuständigen Sozialamt beantragen. Für das Vermögen gilt In NRW ein Schonbetrag von 10.000,00 Euro. Der Sozialhilfeträger ist bei nicht geförderten Pflegeheimen zur Übernahme nur verpflichtet, wenn hierüber entsprechende Vereinbarungen

---

[23] § 82 Abs. 4 SGB XI

getroffen worden sind[25]. An den Vereinbarungen mit dem Sozialhilfeträger sind die Pflegekassen nicht beteiligt. Richtzahlen aus Betriebsvergleichen sind für die Einrichtungsleitung in Pflegesatzverhandlungen mit den Kostenträgern eine wertvolle Orientierungsbasis und ein wichtiges Controlling-Werkzeug, um die wirtschaftliche Situation des eigenen Hauses im Vergleich zu anderen Einrichtungen richtig einschätzen zu können. Dazu werden vorrangig Verhältniszahlen (Messzahlen) mehrerer branchenspezifischer Betriebe gesammelt, aus den Richtzahlen in Form von Mittelwerten, Best- oder Normwerten gebildet werden. An ihnen können die entsprechenden einzelbetrieblichen Zahlen gemessen werden, um Abweichungen von branchenüblichen Ergebnissen festzustellen.

Zu empfehlen ist die Teilnahme an Betriebsvergleichen mit externen Einrichtungen oder innerhalb des eigenen Verbundes (Caritas, Diakonie), der die Zahlen auswertet. Auch öffentlich zugänglichen Daten informieren über den Zustand der Branche und zeigen, wie sich die Situation eines einzelnen Unternehmens zur Branche verhält. Die Einrichtungsleitung kann so die Messzahlen des eignen Hauses mit den Richtzahlen der Branche anderer Einrichtungen vergleichen und feststellen, ob die kalkulierten Entgelte und Kostenarten angemessen sind. Sie sollte daher für die eigene Einrichtung die durchschnittlichen Personalkosten nach verschiedenen Leistungsbereichen bilden. Die Analyse verschiedener Kennzahlen trägt dazu bei, Schwachstellen im eignen Haus aufzudecken und beseitigen zu können. Das Ziel ist, die Effizienz der Einrichtung zu vergleichen, um

---

[25] § 93 Abs. 7 Satz 4 BSHG

brachliegende Potenziale zu erkennten und zu lernen, wie sich die Ergebnisse verbessern lassen. Die folgenden Beispiele für das Musterhaus zeigen, wie hoch die durchschnittlichen Personalkosten in der abgelaufenen Periode im Pflegebereich waren.

Personalkosten in der Pflege

a)   Pflegefachkräfte

Gemäß Stellenplan beschäftigte das Musterhaus 16 Pflegefachkräfte. Die dafür entstanden Personalkosten beliefen sich in der abgelaufenen Periode auf insgesamt:

45.966,- + 612.384,- = 658.350,- Euro.

Berechnung der durchschnittlichen Personalkosten je Pflegefachkraft:

658.350,- : 16 =   **41.147,- Euro.**

b)   Pflegehilfskräfte

Gemäß Stellenplan wurden 15,15 Pflegehilfskräfte beschäftigt. Die dafür entstandenen Personalkosten beliefen sich in der abgelaufenen Periode auf 508.056,- Euro.

Berechnung der durchschnittlichen Personalkosten je Pflegehilfskraft:

508.056,- : 15,15 =   **33.535,- Euro.**

Zu den klassischen Kennzahlen zählt auch die **Fachkraftquote,** die in unserem Musterhaus bei 16 Pflegefachkräften liegt.

4.2.3 Benchmarking in der Pflege

Benchmarking ist eine Weiterentwicklung des Betriebsvergleichs und hat zum Ziel, sich mit den Besten in der Branche zu vergleichen. Es ist ein Analyse- und Planungsinstrument, das den Vergleich der eigenen Leistung mit den stärksten Mitbewerbern, Marktführern branchenfremder Unternehmen oder internen Bereichen beinhaltet. Im Vordergrund stehen das gemeinsame Lernen und die Weiterentwicklung von Prozessen, um sich am Markt behaupten und ggf. neu ausrichten zu können.

Finanzzahlen für den Prozessvergleich. Bei Prozessvergleichen des Benchmarking orientiert man sich in regelmäßigen Abständen, z.B. zweimal jährlich, an Leistungs- und Kenngrößen des Besten, um die eigene Leistungsfähigkeit durch das Vorbild der Vergleichspartner entscheidend verbessern und neu auszurichten zu können. So kann man herausfinden, wo gute Verfahren eingesetzt werden, die so genannten Best Practices, und feststellen, welche Unterschiede zu den Wettbewerbern bestehen, warum diese bestehen und welche Verbesserungsmöglichkeiten es gibt.

Im Vordergrund stehen Finanzzahlen, weil sie weitgehend unabhängig sind vom Wirtschaftszweig. Durch die Gegenüberstellung von Umsatz-, Leistungs-, Kosten- und Ertragszahlen lassen sich beispielsweise betriebliche Mängel aufdecken und Ansätze für deren Beseitigung finden. Es lässt sich beispielsweise feststellen, ob im Vergleich zum Konkurrenten die Rentabilität zu niedrig oder die Verschuldung zu hoch ist. Primäres Ziel des Betriebsvergleichs ist die Leistungssteigerung bei den Teilnehmerbetrieben. Dadurch weiß die Einrichtung, wo sie im Vergleich zu anderen steht.

Ganzheitlicher Ansatz in der Pflege. Benchmarking sollte in der Pflege über den reinen Kennzahlenvergleich hinausgehen und hat einen ganzheitlichen Ansatz haben. Neben den Kosten ist es vor allem die Qualität, die messbar gemacht werden sollte. Dazu können Pflegebedürftige befragt werden, wie nach ihrer Meinung gute Pflege aussehen sollte. Mögliche Fragen sind:

- Wie zufrieden sind Sie mit den Leistungen ihrer Einrichtung?
- Welche Faktoren des Pflegedienstes sind Ihnen am wichtigsten?
- Gibt es eine optimale Hilfsmittelversorgung und feste Ansprechpartner?

Aus den Ergebnissen der Prozess- und Datenerhebung sowie der Kundenbefragung kann man so systemattisch von einem Musterbetrieb lernen und definierte Ziele und konkrete Handlungsempfehlungen erarbeiten und direkt in die Praxis umsetzen.

Ausblick

Schon Albert Einstein hat gesagt:

Mehr als die Vergangenheit interessiert mich die Zukunft, denn in ihr gedenke ich zu leben.

Manager sollten es mit Einstein halten, sich mehr für die Zukunft und weniger für die Vergangenheit interessieren. Denn Märkte haben es an sich, dass sie den Zahlen weit vorauslaufen. Fehlentscheidungen, die ein Manager heute fällt, und Zukunftschancen, die er heute verpasse, spiegeln sich erst in ein paar Jahren in den Zahlen wider. Bis eine Fehlentwicklung dort angekommen ist, kann alles zu spät sein.

Die Lage eines Unternehmens lässt sich aber nicht allein mit quantitativen Kennzahlen wie Quartalsergebnisse, Bilanzen und die Entwicklung des Gewinns fassen. Mit Zahlen allein kann man ein Unternehmen nicht in die Zukunft führen. Leitungen sollten nicht in den Rückspiegel, sondern nach vorne und auch qualitative Maßstäbe setzen, die durch Messungen überprüfbar sind. Sie hören nicht zuletzt auf das, was Mitarbeiter ihnen zurufen, denn sie haben einen scharfen Blick für Chancen und Risiken. Gut geeignet sind auch Befragungen der Bewohner, die zeigen, wie zufrieden sie mit ihrer Einrichtung sind und was verbessert werden kann. Wichtig sind der Kopf und das logische Denken. Das, worauf es ankommt, liegt aber nicht in der Vergangenheit, sondern in der Zukunft.

Abkürzungen

MDK	Medizinischer Dienst der Krankenversicherung
SGB	Sozialgesetzbuch
B SHG	Bundessozialhilfe-Gesetz
LQV	Leistungs- und Qualitätsvereinbarung
LQN	Leistungs- und Qualitätsnachweise
FSJ	Freiwilliges Soziales Jahr
BMA	Bundesministerium für Arbeit
BMG	Bundesministerium für Gesundheit
PBV	Pflegebuchführungsverordnung
BSG	Bundessozialgericht
LPflG NRW	Landespflegesetz Nordrhein-Westfalen
KER	Kurzfristige Erfolgsrechnung

Stichwortverzeichnis

Abweichungsanalyse 78

Benchmarking 112

Beschäftigungsgrad 105

Eigenkapitalzinsen 38

Einzelkosten 54

Eigenkapitalrentabilität 103

Externe Leistungsbereiche 10

Finanzzahlen 112

Gemeinkosten 54

Gesamtkosten, Pflege, Unterkunft + Verpflegung 61

Gesamtkostenverfahren 89

Gesamtrentabilität 104

Heimvertrag 7

Herstellungskosten 45

Hotelkosten 9

Investitionskosten 41,9

Jahresbruttolöhne 31

Kalkulation, Zuschlags- und Divisionskalkulation 66

Kalkulatorische Kosten 38

Kapazitätsplanung 11

Kennzahlen..98

Komponenten Heimentgelt..11

Kontenklasse...28

Kontenrahmen..27

Kostenkontrolle, innerbetriebliche..74

Kostenstellen, Haupt- und Hilfskostenstellen........................48

Kostenträger..51

Kostenträgerzeitrechnung..88

Kurzfristige Erfolgsrechnung...91

Leistungsangebot...11

Leistungsgerechte Entgelte..5

Leistungsplanung...13

Liquidität..95

Messzahlen..99

Nachkalkulation..97

Personalkosten..30

Personalstärke...16

Personalabgleich...5

Pflegeschlüssel..16

Pflegeklassen...15

Pflegeprofile der Bewohner..14

Pflegesätze 69

Pflegesatzverhandlung 5

Planerlösrechnung 91

Planungsrechnung 26

Richtzahlen 109

Sachkosten 36

Selbstkosten, Vorauskalkulation der 7, 26

Stellenplan 18

Umsatzkostenverfahren 89

Vergleichsliste Pflegeheime 24

Vergütungen 7

Verschuldungsgrad 106

Vollstationäre Leistungen 7

Wagniszuschläge 40

Wirtschaftlichkeit 101

Zeitgleich 99

Zuordnungsübersicht 62

www.ingramcontent.com/pod-product-compliance
Lightning Source LLC
Chambersburg PA
CBHW051715170526
45167CB00002B/675